Nahum N. Glatzer

Frauen in Kafkas Leben

*Aus dem Amerikanischen
von Otto Bayer*

Diogenes

Inhalt

Vorwort

Wir wollen uns fragen, ob Franz Kafka wußte, was Liebe ist. Seine Antwort: »Liebe ist alles, was unser Leben steigert, erweitert, bereichert« [J 124]. Ein schöner Gedanke, aber Kafkas Leben verlief weit verwickelter, zwiespältiger – und tragischer.

Wie Kafkas Liebesgeschichten zeigen, verlangten seine eigenen Erfahrungen im Laufe der Zeit eine radikale und vielfach schmerzliche Korrektur dieser optimistischen Sicht; sie gipfelt in dem traurigen Bekenntnis, daß er das Wort *Ich liebe dich!* nie erfahren habe [T 413].

Insgesamt hatte Kafka eine eher negative, pessimistische Meinung über die Frauen. An Max Brod schrieb er: »Merkwürdig, wie wenig Scharfblick Frauen haben, sie merken nur, ob sie gefallen, dann ob man Mitleid mit ihnen hat und schließlich ob man Erbarmen bei ihnen sucht, das ist alles, nun es ist ja im allgemeinen auch genug« [B 323]. Kafka spricht da von den Frauen in seinen Erzählungen, aber da es eine Antwort auf Brod war, der von »richtigen Mädchen« gesprochen hatte, mag auch er wirkliche Frauen im Sinn gehabt haben.

Kafka wußte sehr wohl, daß Liebe ein vielschichtiges Phänomen ist und mit der Zeit immer vielschichtiger wird. Er erwähnt einen Besuch des Schriftstellers Albert Ehrenstein, der etwa gesagt habe, in Milena »reiche mir das Leben die Hand und ich hätte die Wahl zwischen Leben und Tod; das war etwas zu großartig (nicht hinsichtlich M's, aber hinsichtlich meiner) gesagt, aber im Wesen wahr, dumm war nur, daß er an eine Wahl-Möglichkeit für mich zu glauben schien. Gäbe es noch ein Delphisches Orakel, hätte ich es befragt und es hätte geantwortet: ›Die Wahl zwischen Tod und Leben? Wie kannst Du zögern?‹« [B 322]. Milena war es, die glaubte, Kafka von allen seinen Übeln heilen und ihm ein Gefühl des Wohlseins einfach durch ihre Gegenwart geben zu können – wenn er es nur wünsche. Kafka wies das großmütige Angebot zurück.

Über die ein paar Jahre zurückliegende Begegnung mit einer Frau schrieb Kafka: »Die Süßigkeit der Trauer und der Liebe. . . . Immer nur das Verlangen, zu sterben und das Sich-noch-Halten, das allein ist Liebe« [T 233]. Solch romantische Vorstellungen von Liebe sollten uns nicht erstaunen. Daß Liebe stark ist wie der Tod, wußte der Dichter des Hohelieds schon vor langer, langer Zeit. In unserer wenig romantischen Welt würde man sagen, Liebe erwecke Leben, erneuere den Geist, verheiße Ewigkeit. Daß Liebe »das Verlangen zu sterben« einschließe, ist bei Kafka kein ungewöhnlicher Gedanke, dennoch überrascht er.

Warum hat Kafka nie geheiratet? Er versuchte es seinem Vater aus seiner Sicht zu erklären. »Es gab einzelne Hindernisse wie überall, aber im Nehmen solcher Hindernisse besteht ja das Leben. Das wesentliche, vom einzelnen Fall leider unabhängige Hindernis aber war, daß ich offenbar geistig unfähig bin zu heiraten. Das äußert sich darin, daß ich von dem Augenblick an, in dem ich mich entschließe zu heiraten, nicht mehr schlafen kann, der Kopf glüht bei Tag und Nacht, es ist kein Leben mehr, ich schwanke verzweifelt herum. Es sind das nicht eigentlich Sorgen, die das verursachen, zwar laufen auch entsprechend meiner Schwerblütigkeit und Pedanterie unzählige Sorgen mit, aber sie sind nicht das Entscheidende, sie vollenden zwar wie Würmer die Arbeit am Leichnam, aber entscheidend getroffen bin ich von anderem. Es ist der allgemeine Druck der Angst, der Schwäche, der Selbstmißachtung« [BV 66].

In seinen Tagebüchern nannte Kafka für sein Junggesellentum einen anderen Grund, den er mit seinem Vater nicht diskutieren wollte: »Mühsal des Zusammenlebens. Erzwungen von Fremdheit, Mitleid, Wollust, Feigheit, Eitelkeit und nur im tiefen Grunde vielleicht ein dünnes Bächlein, würdig, Liebe genannt zu werden, unzugänglich dem Suchen, aufblitzend einmal im Augenblick eines Augenblicks [T 360]. Seine Erfahrungen des Zusammenlebens befriedigten nicht seine Sehnsucht nach Liebe, wie man dieses Wort auch immer interpretieren möchte. An ihrer Wurzel sitzt ein tiefes Wissen um das »Zusammengehören«. Kafka benutzte dieses Wort im Verkehr seiner Geliebten.

Das ist mehr als eine Höflichkeitsfloskel und nicht nur ein »dünnes Bächlein«. Kafka kannte (und genoß) die niederen Formen der Liebe (bei denen schon das Wort »Liebe« unangebracht ist), Beziehungen, die man leicht eingehen und schmerzlos wieder beenden kann. Er strebte die höhere (sogar höchste) Stufe der Liebe an, auf der eine wahre Einheit hergestellt und gefestigt wird. Diese aber wurde ihm nicht zuteil. Seine Schuldgefühle hingen zu einem gewissen Grad mit diesem ausbleibenden Erfolg in der Liebe zusammen.

Für alles, was man im Leben bekommt, muß man bereit sein zu zahlen, das ist ein ehernes Gesetz dieser Welt. »Zusammengehören« bringt Glück – Kafka erlebte es in einigen seiner Freundschaften – aber um welchen Preis? Der Preis (oder die »Strafe«) für dieses Glück: Koitus. Eine harschere, ablehnendere Haltung zur sexuellen Umarmung gibt es in der ganzen westlichen Literatur nicht. Um weitere Strafen zu vermeiden, gibt Kafka sich selbst den Rat: »Möglichst asketisch leben, asketischer als ein Junggeselle, das ist die einzige Möglichkeit für mich, die Ehe zu ertragen« [T 226]. Dann denkt er an die, die darin seine Partnerin wäre, und fragt: »Aber sie?« Er beantwortet diese Frage nicht – denn es gibt keine Antwort.

An Max Brod schrieb Kafka, er habe recht, wenn er sage, daß die tieferen Bereiche eines echten Geschlechtslebens ihm verschlossen seien; er glaube das auch – nicht nur das Reich der Liebe, sondern auch des

Familienlebens, der Freundschaft, der Ehe, des Berufs, der Literatur.

Ausgenommen von dieser tristen Lieblosigkeit war einzig Kafkas Beziehung zu seiner jüngsten Schwester Ottla. Sie verstand ihn am besten, wußte seine schriftstellerische Arbeit zu würdigen und hatte Mitgefühl für seine Krankheiten. Seine Briefe an sie sind zärtlich, liebevoll, anteilnehmend. Sie lebten zeitweise zusammen; auf gelegentlichen gemeinsamen Spaziergängen hätte man sie für ein Brautpaar halten können. Wenn wir also sagen können, daß Kafka je aus tiefstem Herzen geliebt hat, dann war dies keine romantische Liebe, sondern seine rückhaltlose Liebe zu Ottla.

In einer seiner Vergleichslisten für und gegen die Ehe schrieb Kafka in die Junggesellenspalte: »Ich bleibe rein.« Und in der gegenüberliegenden Spalte steht nur die Frage: »Rein?« [MB 135]. Nicht einmal Reinheit entlockte ihm ein enthusiastisches »Ja«.

Gegen Ende seines Lebens fragte Kafka sich: »Was hast du mit dem Geschenk des Geschlechtes getan? Es ist mißlungen, wird man schließlich sagen, das wird alles sein.« Aber, fährt er fort, »es hätte leicht gelingen können. Freilich, eine Kleinigkeit, und nicht einmal erkennbar, hat es entschieden« [T 399]. Kleinigkeiten waren es, die Kafka hinderten, das »Geschenk des Geschlechtes« anzunehmen, es muß also etwas gewesen sein, was zu tun oder passiv abzulehnen in seiner Macht lag. Wollte er das Mißlingen?

Kafka betrachtete sein Liebesleben als ein trauriges Mißlingen. Man weiß, wie einsam er war; seine nächsten Angehörigen und besten Freunde waren nicht in der Lage, ihm aus dem aufs stärkste empfundenen Alleinsein herauszuhelfen. Alle waren ihm Fremde; sein eigener Körper war ihm fremd. Die Frau war das einzige Wesen, von dem er sehnsüchtig Erlösung aus dem schrecklichen Gefühl der Isolation erhoffte. Aber Liebe war nicht stark genug, seine Einsamkeit zu überwinden, während seine Einsamkeit zu stark war, um Liebe wachsen zu lassen.

Obwohl erotische Elemente und sexuelle Phantasien in Kafkas Prosawerk eine große Rolle spielen, wurde bewußt darauf verzichtet, dieses Material im vorliegenden Buch zu präsentieren; statt dessen wollen wir uns auf seine tatsächlichen Erfahrungen konzentrieren, wie er sie in seinen Tagebüchern und Briefen festgehalten und Max Brod sie in seiner Kafka-Biographie wiedergegeben hat.

Ich danke allen, die mir auf unterschiedliche Weise geholfen haben: Jürgen Born, Beverly Colman, Bonny Fetterman, Sir Malcolm Paisley, Wolfgang A. Schocken (keine verwandtschaftliche Beziehung zum Verlagshaus), Dr. Benson R. Snyder, Paul E. Guay, Irene D. Williams sowie meiner Tochter Judith Wechsler.

Frühe Erfahrungen

Ein junger Freund (F. W.) hatte aus Liebeskummer Selbstmord begangen. Kafka sprach darüber mit seinem Freund Gustav Janouch, und im Verlauf des Gesprächs kamen sie auf die Frage: Was ist Liebe? »Das ist doch ganz einfach! ... Die Liebe ist so unproblematisch wie ein Fahrzeug. Problematisch sind nur der Lenker, die Fahrgäste und die Straße« [J 124].

»Ganz einfach?« Wohl nicht so ganz, wenn der Lenker, die Fahrgäste und die Straße Probleme von nicht unbeträchtlicher Schwere präsentieren können. Ganz einfach wahrhaftig nicht, wenn man sich einen Augenblick Kafkas ungewöhnlich starke Aversion gegen »Schmutz« ins Gedächtnis ruft. Als er von einem Jungen hörte, der von seiner Französischlehrerin vergewaltigt worden war, äußerte er: »Die Liebe schlägt immer Wunden, die eigentlich nie richtig heilen, da die Liebe immer in Begleitung von Schmutz erscheint. Zu einer Scheidung von Liebe und Schmutz kommt es nur durch den Willen des Geliebten« [J 124]. Mehr als nur sinngemäß macht Kafka hier die Frau für das Element der Unreinheit in der Liebe verantwortlich.

Kafka geht über den ästhetischen Aspekt der Liebe stets hinaus. »Die Frauen sind Fallen, die den Menschen von allen Seiten belauern, um ihn in das Nur-

Endliche zu reißen. Sie verlieren ihre Gefährlichkeit, wenn man in eine Falle freiwillig hineinspringt. Überwindet man aber diese durch Gewöhnung, so öffnen sich wieder alle weiblichen Fangeisen« [J 123].

In seinem späteren Leben, 1922, bekannte Kafka traurig, daß er das Wort »Ich liebe dich« nie erfahren habe, »ich habe nur die wartende Stille erfahren, welche von meinem ›Ich liebe dich‹ hätte unterbrochen werden sollen, nur das habe ich erfahren, sonst nichts« [T 413]. Erich Heller, der diesen Tagebucheintrag am Schluß seiner Einleitung zu *Briefe an Felice* zitiert, merkt dazu an: »Es ist der müde Minnesang eines religiösen Dichters, dem, weil kein Gott ist, auch die Liebe sich versagt, oder dessen Liebe sich so unaufhaltsam in die leeren oberen Räume versteigt, daß sie das irdische Rendezvous mit der Geliebten so versäumt wie Kafka in den erstaunlich präzisen Phantasien seines Briefes aus der Sylvesternacht 1912 die imaginäre Frankfurter Theaterverabredung mit Felice« [F 34].

Kafka war für ein »irdisches Rendezvous mit der Geliebten« schlecht gerüstet. »Als Junge war ich ... hinsichtlich sexueller Angelegenheiten so unschuldig und uninteressiert wie heute etwa hinsichtlich der Relativitätstheorie. Nur Kleinigkeiten (aber auch die erst nach genauer Belehrung) fielen mir auf, etwa, daß gerade die Frauen, die mir auf der Gasse die schönsten und die schönstangezogenen schienen, schlecht sein sollten« [T 417].

In der letzten Lebensphase erinnert Kafka sich an die

Etwa zur Zeit der Promotion, 1906

»erste Nacht«. »Wir wohnten damals in der Zeltnergasse, gegenüber war ein Konfektionsgeschäft, in der Tür stand immer ein Ladenmädchen, oben wanderte ich, etwas über 20 Jahre alt, unaufhörlich im Zimmer auf und ab mit dem nervenspannenden Einlernen für mich sinnloser Dinge zur ersten Staatsprüfung beschäftigt. Es war im Sommer, sehr heiß, diese Zeit wohl, es war ganz unerträglich, beim Fenster blieb ich, die widerliche römische Rechtsgeschichte zwischen den Zähnen, immer stehn, schließlich verständigten wir uns durch Zeichen. Am Abend um 8 Uhr sollte ich sie abholen, aber als ich abend hinunterkam, war schon ein anderer da, ... Aber das Mädchen hängte sich zwar in ihn ein, aber machte mir Zeichen, daß ich hinter ihnen gehen solle. So kamen wir auf die Schützeninsel, tranken dort Bier, ich am Nebentisch, giengen dann, ich hinterher, langsam zur Wohnung des Mädchens, irgendwo beim Fleischmarkt, dort nahm der Mann Abschied, das Mädchen lief ins Haus, ich wartete ein Weilchen, bis sie wieder zu mir herauskam und dann giengen wir in ein Hotel auf der Kleinseite. Das alles war, schon vor dem Hotel, reizend, aufregend und abscheulich, im Hotel war es nicht anders. Und als wir dann gegen Morgen, es war noch immer heiß und schön, über die Karlsbrücke nachhause giengen, war ich allerdings glücklich, aber dieses Glück bestand nur darin, daß ich endlich Ruhe hatte vor dem ewig jammernden Körper, vor allem aber bestand das Glück darin, daß das Ganze nicht *noch* abscheulicher, nicht *noch* schmutziger gewesen war.

Ich war dann noch einmal mit dem Mädchen zusammen, ich glaube, 2 Nächte später, es war alles so gut wie zum erstenmal, aber als ich dann gleich in die Sommerfrische fuhr, draußen ein wenig mit einem Mädchen spielte, konnte ich in Prag das Ladenmädchen nicht mehr ansehn, kein Wort habe ich mehr mit ihr gesprochen, sie war (von mir aus gesehn) meine böse Feindin und war doch ein gutmütiges freundliches Mädchen, immerfort verfolgte sie mich mit ihren nichts verstehenden Augen. Ich will nicht sagen, daß der alleinige Grund für meine Feindschaft (sicher war er es nicht) der gewesen ist, daß das Mädchen im Hotel in aller Unschuld eine winzige Abscheulichkeit gemacht hat (nicht der Rede wert), eine kleine Schmutzigkeit gesagt hat (nicht der Rede wert), aber die Erinnerung blieb, ich wußte im gleichen Augenblick, daß ich das nie vergessen werde und gleichzeitig wußte ich oder glaubte es zu wissen, daß dieses Abscheuliche und Schmutzige, äußerlich gewiß nicht notwendig, innerlich aber sehr notwendig mit dem Ganzen zusammenhänge und daß mich gerade dieses Abscheuliche und Schmutzige (dessen kleines Zeichen mit ihre kleine Handlung, ihr kleines Wort gewesen war) mit so wahnsinniger Gewalt in dieses Hotel gezogen hatte, dem ich sonst ausgewichen wäre mit meiner letzten Kraft« [M 196–198].

Man hätte gehofft, daß dieses Erlebnis der »ersten Nacht« Kafka ein Gefühl der Befreiung gegeben hätte, ein Gefühl des Unterscheidenkönnens zwischen dem, was wünschenswert sei und was nicht. Statt dessen sehen wir ihn zerrissen und unfähig zu entscheiden.

Der Schilderung der »ersten Nacht« folgt in dem Brief an Milena die Feststellung: »Und so wie es damals war, blieb es immer. Mein Körper, oft jahrelang still, wurde dann wieder geschüttelt bis zum Nicht-ertragen-können von dieser Sehnsucht nach einer kleinen, nach einer ganz bestimmten Abscheulichkeit, nach etwas leicht Widerlichem, Peinlichem, Schmutzigem, noch in dem Besten, was es hier für mich gab war etwas davon, irgendein kleiner schlechter Geruch, etwas Schwefel, etwas Hölle. Dieser Trieb hatte etwas vom ewigen Juden, sinnlos gezogen, sinnlos wandernd durch eine sinnlos schmutzige Welt« [M 198].

Fast nebenbei erwähnt Kafka, daß er während seines Aufenthalts in Meran (1920) – gegen seinen offenen Willen – Tag und Nacht Pläne machte, wie er das Stubenmädchen verführen könne, und daß ihm »ein sehr williges Mädchen in die Hände« lief [M 199]. »Mädchen« beschäftigten Kafka sehr. Von seinen »Fünf Leitsätzen zur Hölle« heißt einer: »Du mußt jedes Mädchen besitzen!« [T 417], was in der Vorstellung vieler Künstler und Intellektueller jener Zeit eher ein Leitsatz zum Himmel war. Schon viel früher, 1910, hatte er geschrieben, er sei an einem Bordell vorbeigegangen wie am Haus einer Geliebten, ein unter seinen Zeitgenossen nicht ungewöhnlicher Gedanke.

18

Am meisten unterscheidet Kafka von seinen Zeitgenossen, daß keines dieser Erlebnisse ihm Seelenfrieden, Glück oder Befriedigung gab. Ausnahmen waren seine Bekanntschaft mit einer ungenannten Frau in Zuckmantel (Schlesien) in den Sommern 1905 und 1906 (»dort war sie eine Frau und ich ein Junge«, [B 323]) und seine kurze, intensive Freundschaft mit »G. W.«, einer Schweizerin, die er 1913 in einem Sanatorium in Riva am Gardasee kennenlernte [T 230]. »Die Süße des Verhältnisses zu einer geliebten Frau, wie in Zuckmantel und Riva, hatte ich F. (Felice Bauer) gegenüber außer in Briefen nie« [T 329]. Die Liebenden von Riva hatten einander versprochen, ihr Verhältnis geheimzuhalten, so daß wir nicht einmal ihren Namen wissen. Sie haben sich nie mehr getroffen und sich nie geschrieben. Die Wärme aber glomm weiter, zumindest in Kafkas Leben. Selten unterbricht so ein sanfter, lyrischer Ton die melancholische oder nachgerade traurige Melodie. »Ich habe die Vermutung, daß die Mädchen uns oben halten, weil sie so leicht sind, darum müssen wir die Mädchen lieb haben und darum sollen sie uns lieb haben« [B 23]. Der 43jährige Schriftsteller sagt rückblickend: »Was hast du mit dem Geschenk des Geschlechtes getan? Es ist mißlungen, wird man schließlich sagen, das wird alles sein. Aber es hätte leicht gelingen können ... das Geschlecht drängt mich, quält mich Tag und Nacht« [T 399].

Flora Klug und Mania Tschissik

In den Jahren 1911 und 1912 hatte die Prager jüdische Gemeinde eine jiddische Theatergruppe aus Osteuropa zu Gast. Das Café Savoy, in dem die Gruppe auftrat, war ein recht schmuddeliges, schäbiges, wenig einladendes Lokal, und die Stücke waren allenfalls mittelmäßig. Kafka war dort oft zu Gast. Was ihn hinzog, war die authentische, ehrliche Darbietung mancher Aspekte jüdischen Lebens in Osteuropa und seiner Sicht der Vergangenheit. Eine zusätzliche Attraktion waren die Schauspielerinnen Flora Klug und Mania Tschissik. Frau Tschissik hatte nach Kafkas Beschreibung »Vorsprünge auf den Wangen in der Nähe des Mundes. Entstanden teils durch eingefallene Wangen infolge der Leiden des Hungers, des Kindbetts, der Fahrten und des Schauspielens, teils durch ruhende ungewöhnliche Muskeln, die sich für die Schauspielbewegungen ihres großen, ursprünglich sicher schwerfälligen Mundes entwickeln mußten. ... Sie hat einen großen, knochigen, mittelstarken Körper und ist fest geschnürt ... Besonders als sie das jüdische Nationallied sang, in den großen Hüften schwach schaukelte und die parallel den Hüften gebogenen Arme auf und ab bewegte, mit ausgehöhlten Händen, als spiele sie mit einem langsam fliegenden Ball« [T 78/79].

»Die auffallende Glätte der Wangen der Frau Tschissik neben ihrem muskulösen Mund. Ihr etwas unförmiges kleines Mädchen« [T 79]. Kafka spricht von seiner »Liebe zu Frau Ts.« ... »Ich schreibe den Namen so gern auf« [T 79] – wir wissen nicht, warum, aber es muß wahre Liebe gewesen sein. »Schön war Frau Tschissik gestern«, bemerkt Kafka. »Die eigentlich normale Schönheit der kleinen Hände, der leichten Finger, der gewalzten Unterarme, die in sich so vollkommen sind, daß selbst der doch ungewohnte Anblick dieser Nacktheit nicht an den übrigen Körper denken läßt« [T 106].

Über die nächste Stadt, in der die jiddische Gruppe vielleicht auftreten könne, wurde in Kafkas Gegenwart diskutiert, der die Gelegenheit wahrnahm, sich Frau Tschissik aus der Nähe anzusehen. »Ihr ganzer über dem Tisch sichtbarer Körper, die ganze Runde von Schultern, Rücken und Brust war weich, trotz ihres ... knochigen, fast rohen Baues« [T 107].

Zu einer der letzten Vorstellungen brachte Kafka für Frau Tschissik einen Blumenstrauß mit, an den er ein Kärtchen mit den Worten »aus Dankbarkeit« geheftet hatte, und nun wartete er auf den Augenblick, da er ihn ihr überreichen lassen konnte. Das Stück schleppte sich hin, und Kafka fürchtete, die Blumen könnten verwelken; er bat den Kellner, ihr die Blumen so bald wie möglich zu überreichen. » ... nun lagen sie seitwärts auf einem Tisch, das Küchenpersonal und einige schmutzige Stammgäste reichten sie einander und rochen an ihnen, ich konnte nur besorgt und wütend

21

hinschauen, sonst nichts, während ihrer Hauptszene im Gefängnis liebte ich Frau Tschissik ... der Oberkellner reichte die Blumen, Frau Tschissik nahm sie zwischen den zusammenschlagenden Vorhängen ... Niemand bemerkte meine Liebe, und ich hatte sie allen zeigen und dadurch für Frau Tschissik wertvoll machen wollen, kaum daß man den Strauß bemerkte« [T 102]. »Ich hatte gehofft durch den Blumenstrauß meine Liebe zu ihr ein wenig zu befriedigen, es war ganz nutzlos. Es ist nur durch Literatur oder durch den Beischlaf möglich. Ich schreibe das nicht, weil ich es nicht wußte, sondern weil es vielleicht gut ist, Warnungen oft aufzuschreiben« [T 104]. Am Tag darauf verließen die Schauspieler Prag.

Weniger fühlte Kafka sich zu einer anderen Hauptdarstellerin der Truppe hingezogen: Flora Klug, die als »Herrenimitatorin« auftrat. »Im Kaftan, kurzen schwarzen Hosen, weißen Strümpfen, einem aus der schwarzen Weste steigenden dünnwolligen weißen Hemd, das vorn am Hals von einem Zwirnknopf gehalten ist und dann in einen breiten, losen, langauslaufenden Kragen umschlägt. Auf dem Kopf, das Frauenhaar umfassend, aber auch sonst nötig und von ihrem Mann auch getragen, ein dunkles randloses Käppchen, darüber ein großer weicher schwarzer Hut mit hochaufgebogenem Rand« [T 57]. Im Vergleich mit der Gastschauspielerin des vorigen Jahres (einer Frau W.) bescheinigt Kafka Frau Klug ein »vielleicht um eine Kleinigkeit schwächeres und einförmigeres Temperament, dafür ist sie hübscher und anständiger« [T 63].

Mit der Schwester Ottla, 1914

Als die Gruppe aus Prag abreiste, liefen Kafka und Jizchak Löwy, ein jiddischer Schauspieler, der Kafkas Freund geworden war, »den Zug entlang und sahen Frau Klug hinter einem geschlossenen Fenster des letzten Waggons im Dunkel herausschauen. Rasch streckte sie den Arm gegen uns noch drinnen im Coupé, stand auf, öffnete das Fenster, in dem sie einen Augenblick breit mit dem offenen Überkleid stand, ... sonst konnte ich unter schwachem, ununterbrochenem Gespräch die Augen von Frau Klug nicht abwenden. Sie war vollständig von meiner Gegenwart beherrscht, aber mehr in ihrer Einbildung als wirklich. ... Da ich aber von ihr als Mensch so geachtet war, war ich es als Zuhörer erst recht. Ich glänzte, wenn sie sang, ich lachte und sah sie an, die ganze Zeit, während sie auf der Bühne war, ich sang die Melodien mit, später die Worte, ich dankte ihr nach einigen Vorstellungen; dafür konnte sie mich natürlich wieder gut leiden« [T 95].

Die Schauspielerin mußte sich anstrengen, um Kafka zu belohnen, und tat es gern, »da sie eine eitle Schauspielerin und eine gutmütige Frau ist. ... Sie mußte glauben, von mir geliebt zu sein, wie es auch wahr gewesen ist, und gab mir mit diesen Blicken die einzige Erfüllung, die sie als erfahrene, aber junge Frau, gute Ehefrau und Mutter, einem Doktor ihrer Einbildung geben konnte« [T 96].

Zwischen den beiden Hauptdarstellerinnen gab Kafka Frau Tschissik den Vorzug. Einmal kam, als er sich mit Frau Klug unterhielt, Frau Tschissik hinzu.

Kafka wandte sich sofort der letzteren zu und entschuldigte sich bei der anderen, » ... wie wenn ich beabsichtigte, von jetzt an mit Frau Tschissik mein Leben zu verbringen«. Und während er sich dann mit Frau Tschissik unterhielt, beobachtete er, daß seine Liebe »... sie eigentlich nicht erfaßt hatte, sondern sie nur, bald näher, bald weiter, umflog. Ruhe kann ihr ja nicht gegeben sein« [T 141].

Was außer dem besonderen Charme, den die junge Schauspielerin an den Tag legte und der den übersensiblen Franz Kafka anrührte, was außerdem zog ihn in die Nähe dieser jungen Leute? Immerhin bestanden sprachliche Unterschiede: ihr Deutsch bewegte sich auf recht niedrigem Niveau, und Kafkas Jiddisch war ziemlich begrenzt (obschon er selbst von seinen linguistischen Fähigkeiten eine höhere Meinung hatte). Die Stücke waren übersentimental und überdramatisiert. Woran lag es, daß Kafka der Truppe bei der Vorbereitung ihrer Auftritte und bei der Werbung half und (oft zusammen mit Max Brod) in die Vorstellungen ging? Es mag darauf mehr als eine Antwort geben, und jede ist vielleicht nur zum Teil richtig oder auch völlig falsch. Aber könnte es sein, daß die Mitglieder dieser Truppe, die sich aus den engen Grenzen des Lebens in den jüdischen Vierteln Osteuropas befreit hatten, Kafka in ihren Bann zogen, weil er nach ähnlicher Befreiung aus der Enge seines Elternhauses und des dominierenden Vaters strebte? Die Schauspieler vermittelten dann also ein Gefühl der Freiheit – ganz anders als jene Welt, die so peinlich zwischen dem, was erlaubt oder verboten, gesellschaftlich akzeptiert oder geächtet war, unterschied – eine Welt, in der religiöse Überzeugungen dem Gläubigen einen mehr oder weniger strengen Verhaltenskodex auferlegten, in der es Mut erforderte, ein Außenseiter zu werden. Kafka hungerte nach solcher Befreiung, und Mania Tschissik und Flora Klug standen für solchermaßen befreite Persönlichkeiten. Ihre Elternhäuser und Heimatorte hingen noch überkommenen Traditionen, Riten, Bräuchen und Sitten an, doch die Tschissiks und Klugs – die Schriftsteller, Schauspieler, Musiker, Maler – wenngleich sie die Süße und Schönheit dieses Lebens erfahren haben mochten, brachen mit dieser alten Welt und betraten ungeduldig die neue, wo sie Außenseiter blieben, an den Randbezirken der neuen Zivilisation lebten. Frauen waren besonders gute Beispiele für diesen neuen Geist.

Sich in sie zu verlieben, bedeutete Identifikation mit ihrer Sache, Protest gegen die wohlgeordnete, restriktive Theorie und Praxis der Liebe in der bürgerlichen Gesellschaft. Daß Kafkas Liebe von den Schauspielerinnen nicht erwidert wurde, störte den jungen westlichen Schriftsteller nicht, solange er nur nicht abgewiesen wurde. In ähnlicher Situation sah Kafka seinen Freund Jizchak Löwy. Dieser hatte sich von seiner osteuropäischen Heimat und Familie gelöst. Der fromme Vater war dem Sohn kein Vorbild. Der Sohn, das Herz gefüllt mit Traditionen und Gebräuchen, versuchte sich der westlichen Lebensart anzupassen. Den Weg zum westlichen Menschen sah er in der Ablehnung alles Alten. Löwy befreite sich dadurch, daß er Schauspieler wurde, wenngleich nur ein unbedeutender auf zweitrangiger Bühne, agierend vor indifferentem Publikum. Kafkas Streben nach Befreiung war unermeßlich ernster. Die jiddischen Schauspieler waren ihm Vorbild, die jungen Frauen verkörperten für ihn die selbständige, unabhängige Frau Westeuropas.

Felice Bauer und Grete Bloch

Der 13. August 1912 – ein bedeutsamer Tag in Kafkas Leben. Die Begegnung mit Felice Bauer aus Berlin im Hause Max Brods sollte in den nächsten fünf Jahren viel Freude und viel Verzweiflung in sein Leben bringen. Die damals vierundzwanzigjährige Felice Bauer, Prokuristin in einer Firma, die Diktier- und Tonaufzeichnungsgeräte herstellte, war geschäftlich nach Prag gekommen. Als Kusine des Mannes von Max' Schwester Sophie war sie mit den Brods entfernt verwandt. Kafka hatte Brod einen Band Erzählungen *(Betrachtung)* gebracht, die in ihre endgültige Reihenfolge gebracht werden sollten, bevor sie dem Verlag angeboten wurden. Kafka erinnerte sich in allen Einzelheiten an diese Begegnung.

Als er kam, saß Felice am Tisch. Er war nicht neugierig genug zu fragen, wer sie sei, sondern nahm ihre Anwesenheit einfach hin. Ihr Gesicht wirkte nicht anziehend auf ihn. Es war ein »knochiges leeres Gesicht, das seine Leere offen trug« [T 204].

Das Tagebuch fährt fort: »Freier Hals. Überworfene Bluse. Sie sah ganz häuslich angezogen aus, trotzdem sie es, wie sich später zeigte, gar nicht war. ... Fast zerbrochene Nase. Blondes, etwas steifes, reizloses Haar, starkes Kinn.« Während er sich setzte, »sah ich sie zum erstenmal genauer an, als ich saß, hatte ich schon ein unerschütterliches Urteil« [T 204]. Und wie lautete sein »unerschütterliches Urteil«? Ein positives läßt der Kontext nicht erwarten; allerdings schließt er auch keine Ablehnung ein. Irgend etwas muß Kafkas Interesse erregt haben. Uns bleibt somit der Eindruck einer gewissen Zwiespältigkeit, eines Gefühls, auf das wir in Kafkas Leben und Werk recht oft stoßen. Im ganzen aber muß Kafka, ganz wie von einem Schriftsteller zu erwarten, der soeben sein erstes Werk vollendet hat, sehr guter Dinge gewesen sein.

Anderntags schickte Kafka eine Anmerkung zu dem Erzählungsband an Max Brod, worin er sich erinnerte, er habe »unter dem Einfluß des Fräuleins« gestanden, »und es ist leicht möglich, daß irgendeine Dummheit dadurch entstanden ist« [B 102]. Man sieht, Felice Bauer konnte einen Mann durchaus beeindrucken. Kafka hätte kurz nach dieser ersten Begegnung Verbindung mit ihr aufnehmen können, tat es aber nicht, vielleicht wegen der zwiespältigen Meinung, die er von ihr hatte. Nach fünf Wochen unsicheren Wartens trat er jedoch brieflich mit ihr in Kontakt. Er nahm an, daß »Sie sich meiner auch im geringsten nicht mehr erinnern« könne (jedenfalls schrieb er das), und stellte sich ihr durch Erwähnung einiger Details von jenem Abend noch einmal vor. Er erinnerte sie an einen Plan, im nächsten Jahr zusammen nach Palästina zu reisen, und daß er »schließlich in dieser Hand, die jetzt die Tasten [der Schreibmaschine] schlägt, Ihre Hand hielt, mit der Sie das Versprechen bekräftigten ... « [F 43].

Wir wissen nicht, wie ernst der Palästina-Plan war. Felice war Zionistin, und Kafka fühlte sich dem Heiligen Land zumindest emotional verbunden. Daß sie sich aber so schnell damit einverstanden erklärte, ihn auf dieser Reise zu begleiten, läßt eigentlich annehmen, daß es kein realistisches Projekt war. Es gibt Hinweise darauf, daß der Plan für Kafka ein anderes Gewicht hatte als für Felice. In seinem ersten Brief an sie (vom 20. September 1912) kam er darauf zurück. »Wenn Sie nun diese Reise noch immer machen wollen«, sei es unbedingt notwendig, daß sie sich unverzüglich über die Details verständigten. Sie sollten sich so gut wie möglich vorbereiten und über alle Vorbereitungen einig sein.

Der Brief ließ Zweifel anklingen, die (von Felice, ihrer Familie, Kafkas Familie?) an ihm »als Reisebegleiter, -führer, -Ballast, -Tyrann, und was sich noch aus mir entwickeln könnte« [F 44], laut werden könnten. Aber gegen einen Briefwechsel zwischen ihnen könne ja wohl nichts sprechen. Auch hier fügte er ein warnendes Wort an: Er bezeichnete sich als »ein unpünktlicher Briefschreiber ... dafür erwarte ich aber auch niemals, daß Briefe pünktlich kommen« und »bin ... niemals enttäuscht, wenn er nicht kommt« [F 44]. Es folgte eine lebhafte Korrespondenz; bald zeigte sich, daß diese Korrespondenz das Hauptelement in der Freundschaft Kafka-Felice war. Leider sind Felices Briefe nicht erhalten; von ihrer Seite wissen wir nur soviel, wie aus Kafkas gelegentlichen Stellungnahmen zu einigen ihrer Äußerungen hervorgeht.

Zwei Tage später schrieb Kafka die Erzählung *Das Urteil* in einer einzigen Nacht. Zum erstenmal war er zufrieden, sogar hochzufrieden mit dem, was aus seiner Feder kam. Er hatte erfahren, wie »alles gesagt werden kann, wie für alle, für die fremdesten Einfälle ein großes Feuer bereitet ist, in dem sie vergehn und auferstehn«. »*Nur so* kann geschrieben werden, nur in einem solchen Zusammenhang, mit solcher vollständigen Öffnung des Leibes und der Seele« [T 210]. Später merkte er dazu an, die Erzählung sei »wie eine regelrechte Geburt mit Schmutz und Schleim bedeckt« [T 212] aus ihm herausgekommen.

Ihr Thema ist der abgrundtiefe Antagonismus zwischen einem Vater und seinem Sohn und das Fehlen eines auch nur ansatzweisen Verstehens zwischen ihnen. Der autobiographische Hintergrund ist leicht erkennbar. Doch das Ende geht weit über die Haßgefühle zwischen Franz und seinem Vater hinaus. In der Erzählung sagt der Vater: »Ein unschuldiges Kind warst du ja eigentlich, aber noch eigentlicher warst du ein teuflischer Mensch! – ... Ich verurteile dich jetzt zum Tode des Ertrinkens!« Der Sohn ruft leise: »Liebe Eltern, ich habe euch doch immer geliebt«, und läßt sich in den Fluß fallen [Sämtliche Erzählungen, S. 32, Fischer Taschenbuch Verlag].

Die Erzählung erschien mit der Widmung »Für Fräulein Felice B.« Man kann sich nicht ohne weiteres den negativen Eindruck vorstellen, den sie auf Felice gemacht haben muß. So ohne weiteres ist aber auch die

Ungeduld nicht zu verstehen, mit der Kafka erwartete, daß Felice davon angetan war oder sich zumindest in *irgendeiner* Form dankbar zeigte. Doch es kam nichts, was den jungen Schriftsteller gefreut oder wenigstens seine Bemühungen anerkannt hätte.

Mitte Dezember schickte Kafka an Felice ein Exemplar des soeben herausgekommenen Erzählungsbandes *Betrachtung*, jener Geschichten, mit denen er am Abend ihrer ersten Begegnung zu Brod gekommen war. Er bat: »Du, sei freundlich zu meinem armen Buch! ... Zeig das Ganze möglichst wenigen, damit sie Dir nicht die Lust an mir verderben. Gute Nacht, Liebste, gute Nacht« [F 175].

Während er schweigend auf Felices Briefe wartete, schrieb Kafka weiter an seinen Geschichten. Auf *Das Urteil* folgten *Der Heizer* (das spätere erste Kapitel des Romans *Amerika*) und mehrere Kapitel, die dem *Heizer* folgen sollten. Während er an *Amerika* arbeitete, schrieb er *Die Verwandlung*, eine der bekanntesten (und am wenigsten verstandenen) seiner Erzählungen.

Kafkas Gemütszustand war nicht so, wie man ihn als Leser von einem froh bei der Arbeit sitzenden Schriftsteller erwarten würde. Er schrieb an Felice: »Was für Launen halten mich, Fräulein! Ein Regen von Nervositäten geht ununterbrochen auf mich herunter. Was ich jetzt will, will ich nächstens nicht. Wenn ich auf der Stiege oben bin, weiß ich noch immer nicht, in welchem

Zustand ich sein werde, wenn ich in die Wohnung trete. Ich muß Unsicherheiten in mir aufhäufen, ehe sie eine kleine Sicherheit oder ein Brief werden. ... Mein Gedächtnis ist ja sehr schlecht, aber selbst das beste Gedächtnis könnte mir nicht zum genauen Niederschreiben eines auch nur kleinen vorher ausgedachten und bloß gemerkten Abschnittes helfen.« Ein Brief von Felice bereitet ihm jedoch »eine lächerliche Freude«. Er schlägt ihr vor, für ihn ein kleines Tagebuch zu schreiben; »das ist weniger verlangt und mehr gegeben« [F 45/46].

Kafka muß angenommen haben, sein Buch habe Felice nicht gefallen. »Aber daß Du es mir nicht sagst, daß Du mir nicht mit zwei Worten sagst, daß es Dir nicht gefällt. – Du müßtest ja nicht sagen, daß es Dir nicht gefällt (das wäre ja wahrscheinlich auch nicht die Wahrheit), sondern daß Du Dich bloß darin nicht zurechtfindest. Es ist ja wirklich eine heillose Unordnung darin oder vielmehr: es sind Lichtblicke in eine unendliche Verwirrung hinein und man muß schon sehr nahe herantreten, um etwas zu sehn« [F 218]. Mit anderen Worten, ob die Geschichten ihr nun gefielen oder nicht, Kafka erwartete von Felice ein gewisses Maß an Akzeptanz, ein Mitgehen unabhängig vom Ziel, ein Teilnehmen, »denn wir gehören doch – dächte ich – zusammen« [F 219]. Felice betrachtete Kafkas Problem als ein literarisches und übersah darin das Problem seines Lebens. Und wiewohl Kafka zwar auch gern eine Meinung über die Erzählungen als solche gehört hätte, hoffte er doch andererseits, daß Felice einen Weg von den Erzählungen zum Leben ihres Autors finden würde.

Unabhängig von Felices »Meinung« über Kafkas Arbeit und »soviel ich daran auch auszusetzen habe (nur die Kürze ist tadellos)«, glaubt er gestehen zu müssen: »Ich bin so glücklich, mein Buch … in Deiner lieben Hand zu wissen« [F 180]. Es genügt ihm zu wissen, daß ein Teil von ihm (das Buch) nun ein Teil von ihr (ihrer Sammlung) ist. Ein erotischer Unterton tritt zutage. »Es ist dringend nötig, mir mit Küssen den Mund zu schließen«, endet sein Brief.

In Zuständen der Verwirrung ist Felice diejenige, die ihm hilft; der Gedanke an sie bringt ihm Seelenfrieden und Heilung. »Bleib mir ganz, Liebste, bleib mir, wie Du bist.« »Ich schreibe an Dich, weil ich ganz von Dir erfüllt bin und dies irgendwie in der Außenwelt bekanntmachen muß« [F 200/201]. Als er eines Abends nach Hause kommt, findet er auf dem Tisch ein Telegramm. »Du liebstes, mitfühlendes Herz, da … wußte (ich) gleich, daß nichts als Trost darin enthalten sein konnte, und als es dann wirklich so war, küßte ich dieses fremde Papier lange mit geschlossenen Augen, bis es mir nicht mehr genügte und ich es ganz gegen das Gesicht drückte« [F 201].

Offenbar erwähnte Felice gegenüber Kafka die Bücher, die sie zur Zeit las. Mit dem Eifersuchtsanfall, den sie damit bei Kafka auslöste, kann sie wohl nicht gerechnet haben. Kafka, der seine schreibenden Zeitgenossen überkritisch sah, sich aber nicht danach drängte, seine Ansichten öffentlich breitzutreten, wurde in seinem Antwortbrief an Felice sehr deutlich. Felice scheint Franz Werfel, Ricarda Huch, Selma Lagerlöf, Jens Peter Jacobsen, Herbert Eulenberg und andere erwähnt zu haben. Noch indem Kafka sie heruntermachte, erkannte er an, daß er ihnen unrecht tat, daß einige durchaus etwas Ordentliches geschrieben haben mochten; er wollte nur verhindern, daß Felice sie las. Sie muß ihre Begeisterung für Eulenberg (den sie allerdings Her*mann* nannte), geäußert haben, dessen Stil Kafka nicht einmal mittelmäßig fand. »Das konnte ich kaum ertragen, eine Prosa voll Atemnot und Unreinlichkeit« [F 214].

Etwas später erwähnte Felice die Dichterin Else Lasker-Schüler. Kafka: »Ich kann ihre Gedichte nicht leiden, ich fühle bei ihnen nichts als Langeweile über ihre Leere und Widerwillen wegen des künstlichen Aufwandes. Auch ihre Prosa ist mir lästig aus den gleichen Gründen, es arbeitet darin das wahllos zuckende Gehirn einer sich überspannenden Großstädterin. ... Ja, es geht ihr schlecht ... ich weiß den eigentlichen Grund nicht, aber ich stelle mir sie immer nur als eine Säuferin vor, die sich in der Nacht durch die Kaffeehäuser schleppt. ... Weg Du Lasker-Schüler! Liebste komm! Niemand sei zwischen uns, niemand um uns« [F 296].

Als nächsten machte Kafka den erfolgreichen Dramatiker Arthur Schnitzler herunter: »Denn ich liebe den Schnitzler gar nicht und achte ihn kaum; gewiß kann er manches, aber seine großen Stücke und seine große Prosa sind für mich angefüllt mit einer geradezu schwankenden Masse widerlichster Schreiberei. Man kann ihn gar nicht tief genug hinunterstoßen. ... Nur vor seinem Bild, vor dieser falschen Verträumtheit, vor dieser Weichmütigkeit, an die ich auch mit den Fingerspitzen nicht rühren wollte ... Genug, genug, wie schaffe ich nur gleich wieder den Schnitzler fort, der sich zwischen uns legen will, wie letzthin die Lasker-Schüler« [F 299]. Die wache, aufgeschlossene, gerade, moderne Felice konnte Kafkas Andeutungen unmöglich folgen. Sie mag in ihnen (irrigerweise) nichts als eitle Eifersucht bei ihrem Freund gesehen haben.

Das literarische Geplänkel um zeitgenössische Autoren blieb ein Zwischenspiel. Am meisten ärgerte Kafka, daß Felice die erwähnten Schriftsteller als »Dichter« bezeichnete und vergaß, daß Kafka selbst genau nichts anderes als eben ein Dichter war. Der Dichter Kafka mußte das begreifen und seine Klagen für sich behalten. Das tat er.

Bald stellte sich wieder herzliches Einvernehmen ein, das lange vorhielt. »Liebste, meine Liebste, aus Liebe wollte ich, nur aus Liebe, mit Dir tanzen, denn ich fühle jetzt, daß das Tanzen, dieses Sichumarmen und Sichdabeidrehn, untrennbar zur Liebe gehört und ihr wahrer verrückter Ausdruck ist« [F 203]. »Sag mir, daß Du mich liebhaben wirst, wie ich auch sein werde, liebhaben um jeden Preis ... ›Liebst Du mich, Felice?‹ die großen ›Ja‹ hintereinander gehn bis in alle Ewigkeit, dann läßt sich alles überwinden« [F 204/205]. »Hätte ich Dir doch, statt am Roman zu schreiben, geschrieben, wie ich so sehr wollte. Ich hatte solche Lust, den Brief damit anzufangen, das Schreiben damit vorzubereiten, daß ich das Papier ganz und gar abgeküßt hätte, denn es kommt doch in Deine Hände. Nun aber bin ich müde und dumpf und würde noch mehr als Küsse Deinen lebendigen Blick brauchen. … Allerdings habe ich die Möglichkeit, das ganze Gesicht an mich zu reißen, indem ich es küsse und das tue ich und will es noch einmal tun, knapp ehe ich einschlafe und will es nochmals tun, wenn ich aufwache. Wenn es der Rede wert ist, mein Mund gehört völlig Dir, ich küsse sonst niemanden, weder Eltern noch Schwestern und unerbittliche Tanten haben auf der wegzuckenden Wange Platz« [F 208]. »Jetzt küßte ich Dich und Dein Lächeln war nachher um einen Schimmer freundlicher als früher« [F 209]. »Jetzt aber Gute Nacht, Liebste, und ein langer, ruhiger, zuversichtlicher Kuß« [F 216]. »Wie könnte es mir schlecht gehn, solange Du mich lieb hast« [F 217].

»Du bist doch selbst die Klarheit von uns zweien und es scheint mir, als hätte ich, was ich an Klarheit besitze, an jenem Augustabend aus Deinen Augen gelernt« [F 219]. »Ein fröhliches neues Jahr meinem liebsten Mädchen; ein neues Jahr ist eben ein anderes Jahr, und wenn das alte uns auseinandergehalten hat, vielleicht treibt uns das neue Jahr mit Wundern und mit Gewalt zusammen. Treibe, treibe, neues Jahr!« [F 222].

Allerdings dauert es nur ein paar Wochen, dann kann Kafka seine zerbrechliche Euphorie nicht mehr durchhalten. »Liebste, nimm mich zu Dir, halte mich, laß Dich nicht beirren, die Tage werfen mich hin und her, bringe Dir zum Bewußtsein, daß Du niemals reine Freude von mir haben wirst, reines Leid dagegen soviel man nur wünschen kann, und trotzdem – schick mich nicht fort. Mich verbindet nicht nur Liebe mit Dir, Liebe wäre wenig, Liebe fängt an, Liebe kommt, vergeht und kommt wieder, aber diese Notwendigkeit, mit der ich ganz und gar in Dein Wesen eingehakt bin, die bleibt. Bleibe auch, Liebste, bleibe!« [F 257].

Seine schlechte körperliche Verfassung machte Kafka immer größere Sorgen; sie beeinträchtigte sein Schreiben, seine Beziehungen zu Freunden und Familie. Er wurde immer geräuschempfindlicher. »Ich kann nicht mit Menschen leben, ich hasse unbedingt alle meine Verwandten, nicht deshalb, weil es meine Verwandten sind, nicht deshalb, weil sie schlechte Menschen wären, nicht deshalb, weil ich von ihnen nicht das Beste dächte (das beseitigt die ›furchtbare Scheu‹ ganz und gar nicht, wie Du meinst), sondern einfach deshalb, weil es die Menschen sind, die mir zunächst leben. Ich kann eben das Zusammenleben mit Menschen nicht ertragen. ... in einer Wüste, in einem Wald, auf einer Insel bei den nötigen körperlichen Voraussetzungen [wollte ich] unvergleichlich glücklicher leben.« Kafka geht so weit, daß er daran zweifelt, ob er ein Mensch

Mit Felice Bauer, Anfang Juli 1917

ist. »Oft – und im Innersten vielleicht ununterbrochen«
[F 423f].

Die Arbeit an dem Roman *Amerika* war schon seit
einiger Zeit unterbrochen. Er schrieb weiter an Felice,
nannte sie »Liebste«, aber schloß nur selten den Brief
mit einem Kuß oder dem Wunsch, sie zu umarmen. In
allem ist eine unheimliche Müdigkeit spürbar. Er versucht sie von der »Unmöglichkeit eines menschlichen
Verkehrs mit mir« zu überzeugen, bittet sie aber, ihn so
zu nehmen, wie er ist, »aber vergiß nicht, aber vergiß
nicht, mich zur rechten Zeit fortzustoßen!« [F 330]. Er
räumt ein, daß seine Meinung von der Hoffnungslosig-
keit der Welt großenteils auf einer verzerrten Sicht
beruhe, die sich nicht dauerhaft ändern könne. Seine
Gefühle für Felice werden strenger Kritik unterzogen,
er stellt Felices Liebe in Frage (»hast nicht den richtigen
Einblick in mein elendes Wesen«) und unterstellt:
»Nicht zwei Tage könntest Du mit mir leben« [F 328/
329]. Er bedauert sie: »Gute Nacht, meine arme Liebste, träume von schönern Dingen als von Deinem
Franz« [F 332]. Und das alles keine sechs Monate nach
ihrer ersten Begegnung!

Aber seine Sehnsucht nach Felice läßt ihn nicht los.
»Könnte ich doch, Felice, einmal — denn einmal wäre
immer – so nahe bei Dir sein, daß Reden und Hören
eines wäre, Stille« [F 339]. Er schlug für Ostersonntag
oder -montag (23./24. März 1913) ein Treffen in Berlin
vor. Felices Antwort war nicht eigentlich ermutigend,
trotzdem reiste Kafka in der Hoffnung, Felice zu

treffen, und auch, um sich Felices Familie vorzustellen, nach Berlin. Er traf am Abend des 22. März in Berlin ein und stieg im Hotel Askanischer Hof ab. Das Treffen fiel sehr kurz aus; der »Liebende« reiste am 24. März wieder aus Berlin ab. Trotzdem war selbst diese kurze Begegnung für Kafka von Bedeutung. »Weißt Du, daß Du mir jetzt nach meiner Rückkehr ein unbegreiflicheres Wunder bist als jemals?« schreibt er [F 346], und ein paar Tage später zitiert er aus einem Brief von Felice: »Ich wäre Dir unentbehrlich geworden, sagst Du? Gebe es Gott, schreit es aus mir, und ich soll diesen Schrei mit der Hand ersticken?« [F 349]. Eine traurige Vorahnung treibt ihn um: »Meine eigentliche Furcht ... ist die, daß ich Dich niemals werde besitzen können. ... Daß ich neben Dir sitzen werde und, wie es schon geschehen ist, das Atmen und Leben Deines Leibes an meiner Seite fühlen werde und im Grunde entfernter von Dir sein werde als jetzt in meinem Zimmer« [F 351/352]. Daß Kafka Angst vor Impotenz oder wenigstens teilweiser Impotenz hatte, läßt sich nicht bestreiten.

Felice muß intuitiv geahnt haben, was in Kafkas Herz vorging, und muß in ihrem Brief das Wort »Entfremdung« gebraucht haben. Kafka antwortete: »Ich, Liebste, soll Dir entfremden? Ich, der ich da an meinem Tisch vor Verlangen nach Dir vergehe?« [F 353]. Doch die Ehrlichkeit nötigt ihn, ihr zu sagen, daß es seine »ewige Sorge« ist, »Dich von mir zu befreien« [F 365]. Er schreibt, daß es sehr wohl geeignetere Männer geben möge, die Felices Hand verdienten, und er, Kafka, mit Recht »hinausgeworfen« werde aus ihrer Nähe, »da ich Dich nicht bei den Händen gehalten hatte, wie man die Geliebte hält« [F 365]. Er versucht Felice sogar zu überzeugen, daß aus ihrer Verbindung nichts werden könne, da sein wahres Interesse das Schreiben sei, »daß nämlich das Schreiben mein eigentliches gutes Wesen ist. Wenn etwas an mir gut ist, so ist es dieses« [F 407]. Egal, was sie jetzt von seiner Schreiberei halte (er hat seit fünf Monaten nichts mehr geschrieben!), wenn sie es später nicht lieben werde, »(wirst) Du überhaupt nichts haben ... , woran Du Dich halten könntest ... Du wirst dann schrecklich einsam sein« [F 407]. Es scheint also, als ob seine Einstellung zum Schreiben ein Hindernis für ihre Heirat wäre. Schreiben ist ein Teil seines Wesens, und was er zum Schreiben braucht, ist Abgeschiedenheit. Und da er nur auf diese systematische, zusammenhängende Art schreiben kann, fürchtet er sogar »das Eindringen ... durch die Befreundetsten. ... Wie können denn Leute ... zu uns kommen, ohne daß sie mich ... und meine Frau unerträglich stören?« Und er zitiert Felice: »Aber so zurückgezogen zu leben, ob Du das könntest, weißt Du nicht« [F 412]. Selbst wenn sie den Mut habe, sich ihm zu geben, habe er dann auch das Recht, »Dich zu verlangen?« [F 414]. Dieser quälende Briefwechsel »wird Dir unerträglich« [F 414].

Am 11. und 12. Mai 1913 trafen Kafka und Felice sich in Berlin; er wurde ihrer Familie vorgestellt. Von seiner Nähe zu Felice hingerissen, schreibt er: »Sag, fühlst Du es, wie ich Dich liebhabe?« [F 382]. Sein Gemütszustand erinnert ihn an seine Liebeserlebnisse vor etwa sieben oder acht Jahren: »... kam ich mit Mädchen zusammen, ... in die ich mich leicht verliebte, mit denen ich lustig war und die ich noch leichter verließ oder von denen ich ohne die geringsten Schmerzen mich verlassen sah. ... Geliebt, daß es mich im Innersten geschüttelt hat, habe ich vielleicht nur eine Frau« [F 385]. Später wird er »das Süße des Verhältnisses zu einer geliebten Frau« [T 329] in Erinnerung rufen. Auf dieses Erlebnis bezieht er sich, als er sagt: »Ich war noch niemals, außer in Zuckmantel, mit einer Frau vertraut.« Sie »war eine Frau, ich unwissend« [F 361].

Was bewog Kafka, Felice über diese Intimitäten der Vergangenheit zu informieren, wenn es doch seine Absicht war, sie nicht abzustoßen, sondern ihr näher zu kommen? Er sagt es nicht. Wollte er Felice zeigen, daß er (wenn auch vor ein paar Jahren) begehrenswert genug war, um die Aufmerksamkeit von Frauen auf sich zu ziehen? Es ist nicht zu bezweifeln, daß er Felice nicht verlieren wollte. »Je mehr ich Dich kennenlernte, desto mehr liebte ich Dich, je mehr Du mich kennenlerntest, desto unleidlicher bin ich Dir geworden« [F 390]. Vielleicht wollte er andeuten, daß es (wenn auch in der Vergangenheit) durchaus Frauen gab, die in ihm sahen, was Felice in ihm zu sehen versäumte: einen Liebhaber.

Der Liebhaber fand die gegenwärtige Situation unerträglich und stieß einen Verzweiflungsschrei aus: »So kann ich nicht länger leben.« Er bat sie, ihm nicht mehr zu schreiben, wie auch er ihr nicht mehr schreiben werde, aber »auf den *leisesten aber wahren* Anruf« gehöre er ihr. Für heute aber gelte: »Du willst mich nicht haben, Du willst mich nicht haben, nichts ist klarer« [F 391].

Drei Tage später zieht er diese letzte Behauptung zurück: »Schau, wir gehören zusammen, ... aber ebenso zweifellos ist der ungeheure Unterschied zwischen uns«, Felice sei gesund in jedem Sinne und deshalb »bis in die Tiefen hinunter ruhig«, während er, Kafka, krank sei, »vielleicht weniger im landläufigen, dafür aber im schlimmsten Sinne krank, und deshalb unruhig, zerstreut und lustlos.« Aufgrund dieser Unterschiede »leidest [Du] an mir und bist doch, wie Du sagst, mit mir zufrieden und ich leide an Dir.« Dieser nicht eben verheißungsvolle Brief endet: »In meinem tiefsten Grund ist nichts anderes für Dich als Liebe, aber es kommt noch immer Bitterkeit heraus« [F 392/ 393].

Es muß noch viel Liebe in Kafka gewesen sein, daß er dieses Briefverhältnis fortsetzen wollte. Am 7. Juni schrieb er: »... und bin nur glücklich, daß dieser Mund, den ich ja in Wahrheit heute und immer nur aus der Ferne zu küssen wage und küssen kann, noch gute

Worte für mich hat« [F 395]. Felice muß gespürt haben, daß sich hinter Kafkas harscher Selbstkritik und Selbstzweifeln ein Mensch von äußerster Ehrlichkeit und Herzensgüte verbarg. Sie muß das positive Element in seinem Brief vom 15. Juni gelesen haben: »Was treibt mich hinter Dir her? ... Unter dem Vorwand, Dich von mir befreien zu wollen, dränge ich mich an Dich. ... Ich fühle nicht nur meine Plage, sondern die Plage, die ich Dir antue noch viel mehr« [F 398].

Kafka muß erkannt haben, daß Felices Eigenheiten und ihr Unvermögen, ihre »Lebensverhältnisse« den seinen anzupassen, lediglich oberflächliche Erscheinungen waren. Nachdem er sie also über die Veränderungen hat nachdenken lassen, die eine Ehe für beide bedeuten würde (Kafka verliert seine Einsamkeit, Felice ihr Berlin, ihre Freundinnen, kleinen Vergnügungen, die Aussicht, einen guten, gesunden Mann zu heiraten), bittet er sie (natürlich schriftlich): »Willst du überlegen, ob Du meine Frau werden willst? Willst Du das?« [F 400].

Felice und Kafka wußten beide, daß ihr Eheleben schwierig sein würde; daß für eine Ehe persönliche Harmonie unabdingbar ist, die tiefer geht als eine Übereinstimmung der Meinungen; daß persönliche Nähe Probleme schaffen würde. Felice stimmte zu – wir wissen nicht, unter welchen Umständen. Ebensowenig wissen wir, unter welchen ausgesprochenen oder unausgesprochenen Vorbehalten.

Wir wissen, daß kurze Zeit, nachdem sie ihre Verlobung beschlossen hatten, die alten Ängste wiederkehrten und das junge Paar quälten. Würde Kafka, der schweigsame, einsame, kränkelnde, gepeinigte Schriftsteller, der praktischen, gesunden, energischen Frau mit den im wesentlichen bürgerlichen Neigungen gerecht werden können? Kafkas Mutter, die gern mehr über Felice und ihre Familie erfahren hätte, wandte sich um Auskunft an eine Berliner Detektei, eine für Felice zutiefst kränkende Handlungsweise. Die Bauers hätten ebensogern entsprechende Auskünfte über die Kafkas gehabt. Sie zogen ihren Auftrag zurück, aber die ganze Affäre brachte doch Verstimmung in die Beziehungen zwischen den beiden Familien [F 424]. Kafka versuchte Felice zu versichern, daß die »Auskunft« ohne Bedeutung sei, »daß ich Dich liebe, soweit ich Kraft zur Liebe überhaupt habe, und daß ich Dir dienen will und muß, solange ich am Leben bin« [F 425]. Und: »Gott, es ist wirklich allerhöchste Zeit, diese Spannung zu lösen und gewiß ist niemals ein Mädchen von einem, der sie liebte, wie ich Dich, so gemartert worden, wie ich Dich martern muß« [F 426]. »Wir gehören zusammen und werden zusammensein« [F 429].

Aber mit Blick auf die Zukunft sieht Kafka kein Leben aus lauter Liebe und Harmonie auf sie zukommen. »[Ich habe] eine unsinnige Angst vor unserer Zukunft ... und vor dem Unglück, das sich durch meine Natur und Schuld aus unserem Zusammenleben entwickeln kann« [F 417]. Und in bezug auf Felice: »Irgendwie scheint mir Dein Wort noch immer frei zu sein« [F 417]. Die Begegnung mit Felices Eltern verlief nicht gut; Felices Mutter war ganz in Schwarz gekleidet und gab sich offen ablehnend, vorwurfsvoll und steif. Aber das sollte Kafkas Verhältnis zu Felice nicht stören. »Ich träume fast jede Nacht von Dir, so groß ist mein Bedürfnis bei Dir zu sein« [F 433]. Aber Du, Felice, »Du liebst mich vielleicht nur aus irgendeiner Erinnerung heraus. Elende, unbezähmbare Bettelei!« [F 435].

Die Zweifel bleiben, ebenso aber Kafkas starke Bindung, er fühlt sich »Dir mit unendlicher Gewalt verbunden«. Er dankt ihr für alles, »wie ich es im Anblick Deines Bildes ununterbrochen tue« [F 441].

Hingegen gelang es ihm nicht, Felice von der Ernsthaftigkeit seines Hauptanliegens zu überzeugen: des Schreibens. Sie zog einen Graphologen zu Rate. Der Spezialist beurteilte den Schriftsteller als »sehr bestimmt in seiner Handlungsweise, überaus sinnlich« und unterstellte ihm »künstlerisches Interesse«. Letzteres vor allem ärgerte Kafka. »Ich habe kein literarisches Interesse, sondern bestehe aus Literatur, ich bin nichts anderes und kann nichts anderes sein« [F 444]. Felice hätte das wissen müssen. Bedauerlicherweise wußte sie es nicht.

In der traurigen Erkenntnis der Sinnlosigkeit bittet Kafka sie, die Häufigkeit der Korrespondenz (die ihm in der Vergangenheit soviel bedeutet hatte) einzuschränken. Er versucht ihr mit allen Überredungskünsten klarzumachen, daß nicht das Leben eines glücklichen Paares auf sie wartet, »sondern *ein klösterliches Leben an der Seite eines verdrossenen, traurigen, schweigsamen Menschen*« [F 450], ein Leben, in dem »Du als Frau die Einsamkeit schwerer noch tragen wirst, als Du es Dir heute nur von der Ferne denken kannst« [F 451]. Am Schluß des Briefs bezeichnet er sich als »verblendet durch Liebe wie ich war und bin« [F 452]. Ein anderer Briefschluß: »Aber nun laß Dich bitte nach alledem, wie ich es schon lange nicht zu denken wagte, lange und möglichst ruhig von mir küssen« [F 454]. Er nennt sie seinen Schutzengel, »und ich glaube jeden Tag mehr, daß Du es bist«, obwohl er, wie er schreibt, »jetzt lange ohne Schutzengel gewesen« ist [F 455].

Sachlicher gibt er sich am Ende dieses Monats in einem Brief an ihren Vater. Er betont die Unterschiede zwischen ihnen: Sie, Felice, ist gesund und selbstsicher und sollte gesunde, lebendige Menschen um sich haben, während er, Kafka, in seinem ganzen Wesen auf Literatur gerichtet ist, schweigsam, ungesellig, verdrossen, eigennützig, hypochondrisch und tatsächlich kränklich [F 456/457] – lauter Dinge, die Kafka seiner Geliebten schon oft geschrieben hat, ohne ihr jedoch eine Entscheidung aufzuzwingen. »Dazu liebe ich sie zu sehr und sie gibt sich zu wenig Rechenschaft« [F 457]. Felice gab diesen Brief nicht ihrem Vater. Kafka schreibt an Felice: »Wir müssen Abschied nehmen« [F 466].

In den ersten Septembertagen ging Kafka auf eine Reise, die ihn nach Wien (wo er einem Zionistenkongreß beiwohnte), Triest, Venedig, Verona und zum Gardasee führte. In Riva begab er sich für ein paar Ruhetage in ein Sanatorium.

Das oben erwähnte erotische Erlebnis während seines Aufenthalts in Riva war für Kafka von so tiefer Bedeutung, daß er es Felice anvertrauen zu müssen glaubte. Er »verliebte« sich in ein etwa achtzehnjähriges Mädchen, eine Schweizerin. »Ganz unfertig, aber merkwürdig, trotz Krankhaftigkeit sehr wertvoll und geradezu tief.« Beide wußten, daß sie nicht wirklich zusammengehörten, »und daß mit dem Ablauf der 10 Tage, die uns zur Verfügung standen, alles zu Ende sein müßte und daß nicht einmal Briefe, keine Zeile geschrieben werden durfte. Immerhin bedeuteten wir einander viel.« Als sie voneinander Abschied nahmen, mußte er dafür sorgen, daß sie nicht vor aller Augen in Tränen ausbrach. »Mir war nicht viel besser.« Kafka versprach, niemandem davon zu erzählen und nie ihren Namen zu nennen, außer ihren Initialen »G. W.« »Mit meiner Abreise war alles zuende« [F 484/485].

Das alles schrieb Kafka an Felice. Glaubte er, dieses Erlebnis würde ihm seine Gefühle gegenüber Felice klarer machen? Das Gegenteil war der Fall. Nach Prag zurückgekehrt, sah er sich »ohne jede Verbindung mit Dir, verlor immer mehr den Mut« [F 485]. Er hoffte, im Dezember nach einem Treffen mit ihr in Berlin zu einer Entscheidung finden zu können.

In seinen Tagebüchern erwähnte Kafka, daß der Aufenthalt in Riva für ihn sehr wichtig war. »Ich verstand zum ersten Male ein christliches Mädchen und lebte fast ganz in seinem Wirkungskreis« [T 230]. Später schrieb er im Rückblick auf seine intimen Erlebnisse: »Das Süße des Verhältnisses zu einer geliebten Frau, wie in Zuckmantel und Riva, hatte ich F. gegenüber außer in Briefen nie« [T 329]. Er »war wirklich am Ende« [F 467]. Felice war bereit, ihrer Beziehung, so brüchig sie inzwischen geworden war, wenigstens noch eine Chance zu geben. Im Oktober 1913 beschloß sie, da ihr keine bessere Lösung einfiel, ihre Freundin Grete Bloch nach Prag zu schicken, um zwischen dem verstummten Kafka und ihr zu vermitteln.

Grete Bloch, damals einundzwanzigjährig, war Prokuristin in einem Berliner Betrieb und bekannt für ihre Intelligenz, Tüchtigkeit, Klugheit und einen Sinn für Schönheit und Ordnung. Es wurde ein Treffen verabredet, und Kafka betete: »Der Himmel soll mit uns Einsicht haben« [F 471], was darauf deutet, daß er sich keinen positiven Ausgang des Gesprächs erhoffte.

Der nächste Schritt war unerwartet – oder, wenn man Kafka kennt, vielleicht auch gar nicht unerwartet. Obwohl er Grete Bloch nur oberflächlich kennenlernte, verliebte er sich in sie. In einem frühen Brief an sie (10. November 1913) erwähnt er nebenher, er »bemitleide alle Mädchen«, »vielleicht ... wegen der Umwandlung zur Frau, der sie erliegen sollen« [F 474]. Diese Bemerkung könnte als Schlüssel zu Kafkas Einstellung gegenüber dem anderen Geschlecht verstanden werden. Er fühlte sich gar nicht hingezogen zu reifen Frauen, obschon er wußte, daß die Gesellschaft auf eine Ehe mit einem sehr jungen Mädchen mit Stirnrunzeln hinabblickte. Indem sie Frauen werden oder, wie er es ausdrückt, zur Frau umgewandelt werden, verlieren sie die für Kafka so überaus attraktive, kostbare Eigenschaft des Jungseins. Das würde die sofortige Nähe zu dem Ladenmädchen vor langer Zeit, der Schweizerin G.W. und anderen erklären sowie auch die Zwiespältigkeit gegenüber Felice.

Als Grete Bloch in Prag eintraf, war Kafka überrascht, »ein zartes, junges, gewiß etwas merkwürdiges Mädchen« vor sich zu sehen [F 473], das ihn augenblicklich für sich einnahm; dagegen machte ihr ausführlicher Bericht über Felices Zahnleiden einen schlechten Eindruck auf ihn; er hielt »Krankheit der Zähne« für »eines der widerlichsten Gebrechen« [F 473] und kennzeichnend für eine alte Frau. (Als Kafka später von Felices Goldkronen erfuhr, mußte er sich gefühlsmäßig erst darauf einstellen.) Ein paar Tage später schrieb er an Grete, er habe nach Erhalt ihres Briefes Lust gehabt, »irgendetwas zu tun, was dem Küssen Ihrer Hand gleichkäme« [F 477].

Dessen ungeachtet kam es zu einer Erneuerung der Freundschaft Kafka-Felice und dem Wunsch nach Heirat. »Die Ehe ist die einzige Form, in der die Beziehung zwischen uns erhalten werden kann, die ich so sehr brauche« [F 488]. Felice jedoch forderte Kafka auf,

»mehr in der Wirklichkeit« zu leben, sich »nach dem, was gegeben ist, [zu] richten«, was in Kafkas Augen bedeuten mußte, daß »Du ... mich nicht mehr willst« [F 488]. Dennoch teilte er Grete Bloch im Januar 1914 mit: »Ich habe sie neuerlich um ihre Hand gebeten ... und habe keine oder fast keine Antwort bekommen.« Und das »verstehe ich ... nicht« [F 490].

Doch dies war nicht das Ende. Kafka an Felice: »Trotz allem ... als ich heute Deine Karte bekam, war es wie am ersten Tag. ... Du zeigst Dich mir wenigstens, willst doch etwas mit mir zu tun haben ... mir war elend vor Glück, als ich es las« [F 498]. »Zieh die Hand nicht zurück, die Du mir, wenn auch nur schwach, so doch immerhin reichst. Laß sie mir, so wie Du sie mir einmal schon gegeben hast« [F 499].

In einem Bericht an Grete Bloch faßte Kafka zusammen: »F. hat mich ganz gern, das reicht aber ihrer Meinung nach für eine Ehe, für diese Ehe nicht hin; sie hat eine unüberwindliche Angst vor einer gemeinsamen Zukunft; sie könnte meine Eigenheiten vielleicht nicht ertragen; sie könnte Berlin nicht entbehren; sie fürchtet sich, schöne Kleider entbehren zu müssen, III. Klasse zu fahren, schlechtere Theaterplätze zu haben ... usw. Andererseits ist sie allerdings freundlich zu mir ... wir gehen eingehängt durch alle Gassen wie die glücklichsten Verlobten« usw. [F 508]. Ein weiser Freund oder Eheberater hätte dem Paar sicher von Heiratsplänen abgeraten; die Unterschiede zwischen ihnen waren zu groß und zu tief verwurzelt. Eine Meinungs- und

Verhaltensänderung war nicht zu erwarten – besser jetzt Schluß machen als nach ein paar betrüblichen Erlebnissen, die sich mit Sicherheit ergeben würden. Daß Felice Kafkas Briefe und Photos behalten wollte, reichte nicht aus, um hoffnungsvoll in die Zukunft zu blicken.

Was blieb, war Kafkas starke Bindung an Grete. Ein Brief an sie vom März schließt: »Leben Sie wohl und bleiben Sie bitte die gute Freundin Ihres (ja wie denn?) Franz K.« [F 512]. Und zwei Tage später: »Kommen Sie doch, kommen Sie doch, wenn es irgendwie geht« [F 512]. (Aus der Begegnung wurde nichts.) Kafkas Freundschaft mit Grete blieb seinen Freunden nicht unbekannt. Einer davon, Dr. Ernst Weiß, wird mit den Worten zitiert: »›Dir scheint an Frl. Bloch sehr viel zu liegen.‹ Das konnte ich nur bejahen« [F 514].

In einem vom 21. April 1940 datierten Brief an Wolfgang Alexander Schocken, einen Freund der Familie, bekennt Grete, sie sei die Mutter eines Sohnes, den sie 1914 von Kafka empfangen habe. Nach ihrer Version wurde das Kind in eine Münchner Pflegefamilie gegeben und starb 1921 mit etwa sieben Jahren. Kafka wurde davon nie unterrichtet. Wolfgang Schocken akzeptiert diese Geschichte, während einige Kafka-Experten (z.B. Erich Heller, [F 469]) sie bestreiten. Wenn sie wahr wäre, bedeutete sie eine weitere Ironie in Kafkas Leben, nämlich daß der Mann, der sich manchmal Kinder wünschte und dann wieder manchmal daran zweifelte, ob er Vater werden könne, über seinen Sohn in Unwissenheit gelassen wurde.

Wiederum fragen wir: Und Felice? »Die Angelegenheit mit F. ist mir so unklar oder besser irgendwo im letzten Grunde, wohin meine Augen kaum reichen, so schrecklich klar, daß sie mir von jedem Wort, das ich von ihr gebrauche, noch mehr getrübt, noch unreiner, noch quälender wird« [F 517].

Kafka sehnte sich nach einem Treffen mit Grete an einem neutralen Ort, »Samstag abend ... irgendwo auf der Mitte des Weges ... und den Sonntag mit einander zu verbringen. Wollten Sie das? Ich will es sehr« [F 517]. Etwa um die gleiche Zeit schrieb Kafka an Felice, daß ihm sehr daran gelegen sei, sie zu treffen, um größtmögliche Klarheit zu gewinnen und frei entscheiden zu können, und schlug ein Treffen in Berlin vor. Die Angelegenheit müsse so oder so zu einem Ende gebracht werden. Eine Schwierigkeit bestand darin, daß Kafka laut Felice sagte, er sei zufrieden mit der Liebe, die sie für ihn habe, was (in Kafkas Augen) bedeutete, daß sie bereit war, sich zu opfern, weil sie sah, daß er ohne sie nicht sein konnte. »Warum also willst Du Dich opfern, warum? Frage nicht immer, ob ich Dich will!« [F 530].

Kafka betrachtete diese Feststellung als die (»wahrscheinlich«) letzte. Damals akzeptierte er, daß die Unterschiede zwischen ihnen wirklich ernster Art waren. Aber sie bedeuteten für ihn nicht, Felice aufzugeben. In einem Brief an Grete Bloch bezeichnet Kafka diese als »das beste, liebste und bravste Geschöpf« und fügt hinzu: »Auch F. ist es, gewiß, das wird meine ewige Meinung bleiben und loskommen werde ich von ihr ... niemals. Aber sie kann mir gegenüber eben nicht anders und wir müssen uns fügen. Vielleicht ist es die gleiche Gewalt, die mich an ihr festhält und sie von mir abhält. Da gibt es wirklich keine Hilfe« [F 531]. Kafkas Hinweis auf eine Gewalt, die positiv und negativ zugleich ist, beweist eine scharfsichtige psychologische Erkenntnis. Wir werden sehen, ob er diese Erkenntnis in Taten umsetzen konnte oder nicht.

Die zwiespältige Beziehung bleibt bestehen. Kafka versichert Felice: »Ich liebe Dich, Felice, bis an die Grenze meiner Kraft, darin kannst Du mir vollständig vertrauen. Im übrigen aber, F., kenne ich mich nicht ganz. ... Überraschungen und Enttäuschungen mit mir wird es nur für mich geben, ich werde alle Kraft aufwenden, nichts als die guten, die besten Überraschungen meiner Natur zu Dir zu lassen« [F 533]. Felice fragt ihn, ob es ihm möglich sei, sie so zu nehmen, als wäre nichts gewesen. Kafka antwortet: »... das ist mir nicht möglich. Wohl aber ist es mir möglich und weit darüber hinaus notwendig, Dich mit allem, was gewesen ist, zu nehmen und bis zum Sinnloswerden zu halten« [F 534]. An Grete Bloch schreibt Kafka, daß die neuerliche Begegnung mit Felice »vielleicht ... ein neuer und guter Beginn« ist [F 536]. Es kann keinem Zweifel unterliegen, daß beide Seiten sich alle Mühe gaben, eine annehmbare Lösung für das Problem zu finden, das sie beide plagte, jeden aus einem anderen Blickwinkel. Kafka sah betrübt, daß Felice sich nicht geändert hatte. »F. wird nicht müde, mich warten zu lassen«, schrieb er an Grete Bloch [F 536].

Den Mann warten zu lassen war ein Hauptmotiv in dieser seltsamen Liebesbeziehung. Grete Bloch war in ihrem Umgang mit Kafka entschiedener und flinker.

Kafka traf Felice zu Ostern in Berlin, und am 12./ 13. April 1914 fand die inoffizielle Verlobung statt.

Die Verlobung beendete den Zwiespalt in Kafkas Herzen nicht. Er beklagte sich, daß er und Felice nie allein waren und er sich »niemals in einem Kuß Ruhe« bei ihr holen konnte; sie hätte ihm die Möglichkeit geben können und hat »es nicht getan« [F 549]. Das Recht, das ihm das Verlobtsein gab, »ist für mich widerlich und völlig unbrauchbar« [F 549] – keine sehr leidenschaftliche Feststellung seitens eines frisch Verlobten. Noch am selben Tag schrieb er an Grete Bloch, die ein Glückwunschtelegramm geschickt hatte: »Hielte ich statt des Telegramms Ihre Hand, so wäre es schöner« [F 549].

Es ist schwierig oder gar unmöglich zu erraten, was in diesen Wochen nach der Verlobung in Felice vorging. Kafka zitiert aus einem ihrer Briefe: »Ob ich mir dessen bewußt bin, daß ich Dir ganz gehöre?« Es klingt fast wie eine Verneinung dieser Frage, wenn er antwortet: »Ich mußte nicht mir dessen bewußt werden, das weiß ich schon seit 1½ Jahren« – was sich auf ihre erste Begegnung bezieht. »Zu festigen war dieses Bewußtsein nicht mehr. . . . Du, F., [bist Dir] nicht immer ganz klar darüber . . . , wie sehr und in welcher besondern Weise ich Dir gehöre.« Aber Kafka wußte sehr wohl, daß für ihn und Felice noch viel zu tun blieb, wenn sie »die einigsten Menschen sein« wollten. »Wären wir schon so weit!« schreibt er dazu [F 557]. Trotz bleibender Zweifel vertraut Kafka ihrer Verbindung. »Im Geiste bin ich mit Dir vereinigt in einer Unlöslichkeit, an die kein Rabbinersegen von Ferne heranreicht« [F 558]. Er gesteht – nicht zum erstenmal –, daß er »immer verschlossener, immer menschenscheuer geworden« ist und von einer »Unbehaglichkeit« in der Nähe von Menschen beherrscht wird, von einer »Unfähigkeit zur Herstellung vollständiger, lückenloser Beziehungen« [F 559]. Im Gegensatz zu diesem Unvermögen trennt ihn nichts von Felice, »da ich Dich habe« [F 560]. Um die gleiche Zeit (genau einen Tag später) erklärt er Grete, daß sein letzter Brief, den Grete offenbar mißverstand, »ein Festhalten und Drücken Ihrer Hand sein [sollte], nichts sonst. Sie wissen es auch« [F 561]. Man vergleiche dieses Festhalten von Gretes Hand mit dem Schluß eines Briefes an Felice: »Laß mich wenigstens Deine Hand küssen« [F 563].

Zu einer geplanten Reise mit Grete: »Wie freue ich mich darauf, Ihnen im Coupé gegenüberzusitzen . . . immerhin dazusitzen, zu nicken, den Kopf zu schütteln, Ihre Hand zur Begrüßung ordentlich zu drücken und es mir im übrigen wohl sein zu lassen. Schöne Fahrt!« [F 565]. Im Hinblick auf seine bevorstehende Heirat schreibt Kafka an Grete, er und Felice hätten beschlossen, »daß Sie ... längere Zeit (und zwar gleich am Anfang ...) bei uns leben müssen. ... Und wir wollen ein schönes Leben führen und Sie sollen allerdings, um mich zu prüfen, meine Hand halten und ich soll, um zu danken, Ihre Hand halten dürfen« [F 573]. Grete nahm die Einladung an.

Ende Mai 1914 fuhr Kafka mit seinem Vater nach Berlin, um die offizielle Verlobung zu feiern; seine Mutter und seine Schwester Ottla waren schon in Berlin. Die Feier (am 1. Juni) fand im Hause Bauer statt; Grete Bloch war zugegen. Kafka schrieb an sie: »Was Sie für mich im ganzen bedeuten, das können Sie nicht wissen.« Der kurze Brief schließt mit den Worten: »Und nun küsse ich noch Ihre liebe Hand« [F 593].

Die Verlobung war eine Qual, sowohl für Kafka als auch für Felice: die vielen unbekannten Gesichter, die künstliche Herzlichkeit, das gezwungene Verhalten des Paares. Kafka war in furchtbarer Stimmung. Er schrieb in sein Tagebuch: »War gebunden wie ein Verbrecher. Hätte man mich mit wirklichen Ketten in einen Winkel gesetzt und Gendarmen vor mich gestellt und mich nur auf diese Weise zuschauen lassen, es wäre nicht ärger gewesen. Und das war meine Verlobung. ... F. allerdings litt am meisten« [T 275]. Er

Grete Bloch

schrieb an Grete – die es vorläufig als einzige erfuhr –, daß er wirklich nicht wisse, wie er es verantworten könne, so, wie er sei, zu heiraten [F 595].

Leider reicht das vorhandene biographische Material nicht zum Verständnis dieses entscheidenden Kapitels in Kafkas Leben aus. Grete muß Felice beneidet haben, und Kafka muß außerstande gewesen sein, beiden Frauen gerecht zu werden, zumal er sich im Innersten mit Grete verbunden fühlte und es ihre Liebe war, die er so leidenschaftlich suchte. Es half nichts, daß zu diesem Zeitpunkt die Eltern (Kafkas und Felices) wirklichen Anteil an den Angelegenheiten ihrer Kinder nahmen. Felice war eine unabhängige Persönlichkeit und Kafka eines der verschlossensten Individuen, die man sich denken kann. Schon die Tatsache, daß die Eltern aktives Interesse zeigten, schlug negativ aus. In der Hoffnung, ausräumen zu können, was die Beziehung der Verlobten störte, beschlossen die Familien, sich zusammenzusetzen und die Situation zu besprechen. Das Treffen fand am 12. Juli in dem Berliner Hotel Askanischer Hof statt. Außer Kafka und Felice waren auch Grete Bloch, Erna Bauer (Felices Schwester) und Kafkas Freund Ernst Weiß zugegen. Wir wissen im einzelnen nichts über dieses Gespräch, wohl aber wissen wir, daß Grete es im Auftrag Felices führte und Kafka sich vollständig in Schweigen hüllte; weder klagte er jemanden an, noch verteidigte er sich. Kafka nannte das Treffen den »Gerichtshof im Hotel«. Felice »fährt mit den Händen in die Haare, gähnt« [T 291]. »Ich sah, daß alles verloren war ... Ich hatte Dich lieb wie heute, ...ich wußte, daß Du durch mich zwei Jahre unschuldig gelitten hast, wie Schuldige nicht leiden dürften, aber ich sah auch, daß Du meine Lage nicht begreifen konntest« [F 617]. Erna Bauer hoffte immer noch oder tat, als hoffte sie, daß noch alles gut ausgehen würde. Sie »tröstet mich, ohne daß ich traurig bin, das heißt ich bin bloß über mich traurig und darin trostlos« [T 291].

An diesem Abend saß Kafka allein auf einem Sessel Unter den Linden. Er rief sich die Jahre seiner Freundschaft mit Felice ins Gedächtnis zurück, ihre »Liebe« und ihren Beschluß, zu heiraten und eine Familie zu gründen [T 292]. Er erinnerte sich an seine Versuche, Felice auf »die Macht« hinzuweisen, »die meine Arbeit über mich hat, Du sahst sie ein, aber bei weitem nicht vollständig«. Sie war, wie er ihr mitteilte, »doch nicht nur der größte Freund, sondern gleichzeitig auch der größte Feind meiner Arbeit« [F 616]. Er erinnerte sie an seinen ungewöhnlichen Arbeitsrhythmus: durchschnittlich saß er bis fünf Uhr morgens am Schreibtisch, dann ging er schlafen. Ein solches Leben sei für eine Frau wie Felice nicht annehmbar; zwar habe sie diese Frage nie mit »nein« beantwortet, aber ihr »»ja« umfaßte nie die ganze Frage« – ein Widerwille blieb [F 619]. Zu weiterer Uneinigkeit zwischen ihnen trug die Wohnungsfrage bei: Felices Wunsch nach einem bürgerlichen Heim machte Kafka regelrecht angst. Kafka schilderte seine Überlegungen in einem langen Brief, der schließlich mehr als sechseinhalb Druckseiten umfaßte [F 615–622].

Wer war bei dem Berliner Tribunal der Richter? Anscheinend Grete Bloch. Aber, schreibt Kafka, »Sie saßen zwar im Askanischen Hof als Richterin über mir – es war abscheulich für Sie, für mich, für alle – aber es sah nur so aus, in Wirklichkeit saß ich auf Ihrem Platz und habe ihn bis heute nicht verlassen« [F 615].

Trotz gelöster Verlobung blieb die Beziehung zwischen Kafka und Felice bestehen. Die beiden trafen sich in Bodenbach (23.–24. Januar 1915), einer ehemaligen Grenzstadt zwischen Böhmen und Deutschland. Erna Bauers Vorhersage schien wahr zu werden. Es war Kafkas Meinung, das abrupte Ende werde Felice nicht gerecht, obwohl »es unmöglich [ist], daß wir uns jemals vereinigen«. So vertröstete er sie wieder, unsinnigerweise, denn jeder Tag machte ihn älter und unzugänglicher. Seine alten Kopfschmerzen kamen wieder, wenn er versuchte, »es zu fassen ..., daß sie gleichzeitig leidet und gleichzeitig ruhig und fröhlich ist. Durch viel Schreiben dürfen wir einander nicht wieder quälen« [T 328].

Die Erinnerung an frühere Meinungsverschiedenheiten wurde lebendig. Ein besonderes Ärgernis für Kafka war Felices Angewohnheit (und es war mehr als eine Angewohnheit), seine Uhr, die in den letzten drei Monaten immer anderthalb Stunden vorging, auf die Minute genau zu stellen. Schließlich lebte er entweder hinter der Zeit her (oft in vergangenen Jahrhunderten oder vor aller Zeitrechnung) oder als kritischer Verkünder kommender Dinge; seine Uhr konnte unmöglich »die richtige Zeit« anzeigen [T 329]. Wie konnte Felice, eine Geschäftsfrau in hoher Position, das verstehen?

Die Auswahl der Möbel für die künftige Wohnung sorgte für Zwietracht. Felice sprach von einer »persönlichen Note« in der Wohnungseinrichtung [T 329]; Kafka wollte nur das Notwendigste im Haus haben. Felice »hat für meine Arbeit ... fast keine Fragen und keinen sichtbaren Sinn« [T 329]. Felices mangelndes literarisches Interesse war für Kafka von Anfang an ersichtlich gewesen; jetzt im Rückblick nahm dieser Mangel an Bedeutung zu. Kafka las ihr vor – vielleicht ein letzter Versuch, ihr Interesse auf die Probe zu stellen; die Zuhörerin lag mit geschlossenen Augen auf dem Sofa (offene Augen hätten ihre Langeweile verraten) und bat halbherzig darum, ein Manuskript mitnehmen und kopieren zu dürfen. Kafka mußte jedoch gerechterweise zugeben, daß die »Türstehergeschichte« (*Vor dem Gesetz*) »größere Aufmerksamkeit und gute Beobachtung« hervorrief. »Mir ging die Bedeutung der Geschichte erst auf, auch sie erfaßte sie richtig« [T 329]. Aber das genügte nicht. »... alles sinnlos. ... Sie hat doch kein Schuldgefühl.«

Was ihm jedoch am wichtigsten war und ihn schließlich auch zur endgültigen Entscheidung bestimmte, war die Ernsthaftigkeit seiner Arbeit. So »mußte [sie, die Arbeit] sich deshalb ebenso, wie sie Dich in ihrem Kern über alle Grenzen liebte, in ihrer Selbsterhaltung mit allen Kräften gegen Dich wehren« [F 616]. Dr. Ernst Weiß, der Felice nicht leiden konnte, »sucht mich zu überzeugen, daß F. hassenswert ist. F. sucht mich zu überzeugen, daß W. hassenswert ist. Ich glaube beiden und liebe beide oder strebe danach« [T 330]. Er wendet sich an Felice: »Sage offen, glaubst Du, daß wir in Prag eine gemeinsame Zukunft haben können?« [F 629/630] – oder überhaupt irgendwo?

Kafka versuchte vor Felice den tiefen Konflikt zu verbergen, in dem er sich befand. Er erklärte ihr, daß »das einzige, was geschehen ist, ist, daß meine Briefe seltener und anders geworden sind«, weil die häufigen und anderen Briefe, die er früher schrieb, zu nichts geführt hatten. »Wir müssen neu anfangen« [F 637].

Ungeachtet dessen blieb der Zwiespalt. »Ja« und »Nein« hielten sich die Waage. Manchmal, in einem Anflug von Leidenschaft, sehnte er sich »unerträglich nach ihr« [T 340]. Aber bei der »Überlegung des Verhältnisses der andern zu mir« setzt Kafka Felice an die letzte Stelle: »Ottla versteht manches, sogar vieles, Max, Felix manches, manche wie E. verstehn nur einzelnes, aber dies mit abscheulicher Intensität, F. versteht vielleicht gar nichts, das gibt allerdings hier, wo unleugbare innere Beziehung ist, eine große Sonderstellung« [T 340]. Er wünschte sich jemanden, der solches Verständnis besaß, »etwa eine Frau, das hieße Halt auf beiden Seiten haben, Gott haben« [T 340]. »Nein«, sie hat also kein Verständnis, aber »ja«, es besteht eine innere Beziehung. Nachdem dieser Widerspruch einmal akzeptiert ist, spricht nichts mehr dagegen, daß Kafka, Felice, Grete Bloch und Felices Schwester Erna am 23. und 24. Mai 1915 in der böhmischen Schweiz zusammen Urlaub machen.

Eine andere Frau, die seinerzeit Kafkas Interesse erregte, war Fanny Reis, eine Schülerin Max Brods in der Schule für jüdische Flüchtlinge. In den Tagebüchern steht knapp: »Gestern lange mit Fräulein R. im Vestibül des Hotels« [T 346]. Etwas später: »Spaziergänge mit Fräulein R. Mit ihr bei ›Er und seine Schwester‹ (von Bernhard Buchbinder), von Girardi gespielt« [T 346].

Mädchen bleiben im Mittelpunkt. Er zählt die »Verirrungen mit Mädchen trotz aller Kopfschmerzen, Schlaflosigkeit, Grauhaarigkeit, Verzweiflung« auf: »Es sind seit dem Sommer mindestens sechs. Ich kann nicht widerstehn, es reißt mir förmlich die Zunge aus dem Mund, wenn ich nicht nachgebe, eine Bewunderungswürdige zu bewundern und bis zur Erschöpfung der Bewunderung zu lieben. Gegenüber allen sechs habe ich fast nur innerliche Schuld« [T 358].

Die große Nähe, die Kafkas Freundschaft mit Felice in der Anfangsphase kennzeichnete, war in der seltener gewordenen Korrespondenz nicht mehr zu spüren. Selten geworden waren Randbemerkungen wie in einem Brief von Ende Mai: »Einen Kuß auf die breite weiche Hand im dünnen Handschuh« [F 640]. Mehr und mehr wurde Kafkas Elend zum beherrschenden

Thema seiner Briefe. Was war seine Hauptkrankheit? »– ich weiß nicht – Ungeduld oder Geduld« [F 641]. Er betrachtet das gegenwärtige Leiden nicht als das Schlimmste. Das Schlimmste ist, daß die Zeit vergeht, daß sein Leiden ihn immer elender macht, daß die Aussichten für die Zukunft immer trüber werden. »Wochenlang kenne ich Schlaf nur als Fieber.« Er erinnert sich an die Begegnung in Bodenbach, wo er dachte: »Jetzt ist F. hier – ich habe sie – 2 ganze Tage – dieses Glück!« Auf dieses Glück aber folgte eine vergebliche Reise nach Karlsbad, dann die »wahrhaft abscheuliche Fahrt nach Aussig« [F 643]. Er klagte über stechende Kopfschmerzen, war aber dankbar, wenn sie nicht tiefer gingen. Felice kam wieder auf ihren Vorschlag zurück, sich an einem neutralen Ort zu treffen. Kafka antwortete, sie hätten unter solchen Provisorien schon genug gelitten. »Ich könnte Dir nur wieder Enttäuschung bringen, Wechselbalg aus Schlaflosigkeit und Kopfschmerz, der ich bin« [F 645]. Er begriff oder gab vor zu begreifen, daß er kein Anrecht auf Felice habe. Unter den gegebenen Umständen sei Schweigen angebrachter als die Art von Korrespondenz, die er ihr bieten könne. Zur Zeit habe er nur Berichte der Verzweiflung zu bieten. »Denn ich bin verzweifelt wie eine eingesperrte Ratte, Schlaflosigkeit und Kopfschmerz rasen in mir, ich kann wirklich nicht beschreiben, wie ich meine Tage hinbringe« [F 649].

In einer Nachschrift zu dem oben zitierten Brief vom März 1916 versucht er dessen Härte abzuschwächen und zu korrigieren. Das gelingt ihm aber ganz und gar nicht, wenn er sagt: »... so dicht um mich sind die Gespenster. ... Tag und Nacht hängen sie an mir, wäre ich frei, es wäre meine Seligkeit, sie nach meinem Willen zu jagen, so aber senken sie mich langsam ein. Solange ich nicht frei bin, will ich mich nicht sehen lassen, will Dich nicht sehn« [F 650]. Felice hatte für Kafkas Weigerung, sie zu sehen, offenbar andere Gründe geargwöhnt. »Wie Du gänzlich irregehst, Felice, traurig irregehst, wenn Du andere Gründe suchst.«

Kafka überwand seine Krankheit so weit, daß er Mitte Mai 1916 auf eine Dienstreise nach Marienbad gehen konnte. Aber die »Gespenster« verließen ihn nicht. »Es gibt Gespenster der Gesellschaft und solche des Alleinseins« [F 655]. Später, am 2. Juli, fuhr er in Urlaub nach Marienbad, wo Felice zu ihm stieß. »Möge uns ein gutes Wiedersehn beschieden sein« [F 472]. Die erste Nacht verlief für beide unglücklich; die nächsten Tage waren befriedigender. Sie hatten benachbarte Zimmer mit Schlüsseln auf beiden Seiten.

Eine Eintragung ins Tagebuch: »Mühsal des Zusammenlebens. Erzwungen von Fremdheit, Mitleid, Wollust, Feigheit, Eitelkeit und nur im tiefen Grunde vielleicht ein dünnes Bächlein, würdig, Liebe genannt zu werden, unzugänglich dem Suchen, aufblitzend einmal im Augenblick eines Augenblicks« [T 360].

Die Kopfschmerzen plagen Kafka weiter, hinzu kommen die bösen schlaflosen Nächte. Er weiß keinen unmittelbaren Grund dafür, denn im Hinblick auf

Felice ist er »ruhig und froh«. Er fragt sich, ob es wohl Nachwirkungen der guten Zeit oder immerwährende Gefährten seines Lebens sind. Er schließt nicht aus, daß er in den letzten vier Jahren – der Zeit seiner Freundschaft mit Felice – mit seinen Energien zu arg gewirtschaftet habe. Auch kommt ihm der Gedanke, daß ihm mit diesen Qualen »heimgezahlt« werde [F 667]. In seiner Verzweiflung wendet er sich wieder Felice zu: »Du hast einen großen und guten Einfluß auf mich, Felice, und daß Du ihn gut benützen wirst, glaube ich auf Grund der gemeinsamen Tage« [F 668]. Und obwohl er ihr oft genug aus dem Weg gegangen ist, schlägt er jetzt ein baldiges erneutes Treffen vor, weil »ich nach dem Frieden bei Dir wenigstens ... hintaste« [F 669]. Zwei Tage nach seiner Rückkehr fühlt er immer noch die Nachwirkung »der innern und äußern Ruhe, die ich in Marienbad mit Deiner ... Hilfe haben durfte« [F 672]. Bald treten jedoch die alten Krankheiten wieder auf den Plan: Kopfschmerzen, Angstträume, schlaflose Nächte; er hofft, daß »ein wenig Reisen ... meinen auseinandergehenden Kopf noch vielleicht zusammenfassen könnte« [F 672]. Er schläft selten länger als eine Stunde, geht wieder schlafen, schläft aber auch wieder nicht länger.

Felice fällt in die Angewohnheit zurück, belanglose Briefe zu schreiben und auf das, was sie wirklich bewegt, kaum auch nur anzuspielen. Kafka will sie zu größerer Offenheit und Direktheit ermuntern. »Ist man beisammen, kann man schweigen; das verkürzt zwar das Leben, aber das durchschnittliche Leben ist lang. Ist man dagegen so weit voneinander, dann soll man jede Gelegenheit benützen, offen zu reden« [F 682].

Was Felice und Kafka dann letzten Endes doch zu dem Entschluß brachte, zu heiraten, wissen wir nicht.

Dora Dymant, mit der Kafka sich später verlobte, deutete es so: »Die Hoffnung, doch ein Leben nach seinem Wunsche führen zu können, ließ ihn eine konkrete Beziehung zu Heim, Geld und Familie eingehen, freilich in einem ganz unbürgerlichen Sinne. Ich betone das, weil ich mich daran erinnere, wie ruhig und objektiv Kafka zu mir von seiner früheren Braut sprach. Sie war ein prächtiges, aber vollkommen bürgerliches Mädchen. Kafka hatte das Gefühl, daß eine Ehe mit ihr zugleich die Heirat mit der ganzen Verlogenheit Europas bedeuten würde. Und dann hatte er Angst davor, daß er keine Zeit zum Schreiben haben würde. Andererseits war diese Verlobung ein Versuch, sich dem Leben der bürgerlichen Mittelklasse zu akklimatisieren, und zugleich Ausdruck einer gewissen Neugier. Er wollte alles kennenlernen, alles selbst aufspüren« [*Der Monat*, Juni 1949, S. 94].

Jedenfalls teilte Kafka am 19. August 1916 Felice mit: »Was unsere Verbindung betrifft, so ist deren Tatsache absolut bestimmt, soweit Menschen bestimmen können; der Zeitpunkt selbst ist nur relativ bestimmt und die Einzelheiten unseres künftigen Lebens müssen wir... der Zukunft überlassen« [F 684].

Kafka betet: »Erbarme dich meiner, ich bin sündig bis in alle Winkel meines Wesens. Hatte aber nicht ganz verächtliche Anlagen, kleine gute Fähigkeiten, wüstete mit ihnen, unberatenes Wesen, das ich war, bin jetzt nahe am Ende, gerade zu einer Zeit, wo sich äußerlich alles zum Guten für mich wenden könnte. Schiebe mich nicht zu den Verlorenen. Ich weiß, es ist eine lächerliche, in der Ferne und schon sogar in der Nähe lächerliche Eigenliebe, die daraus spricht, aber lebe ich einmal, so habe ich auch die Eigenliebe des Lebendigen, und ist das Lebendige nicht lächerlich, dann auch seine notwendigen Äußerungen nicht. – Arme Dialektik!« [T 363].

»Schiebe mich nicht zu den Verlorenen« klingt fast wie ein echtes Gebet; es erinnert an Psalm 51;13: »Verwirf mich nicht von deinem Angesichte«. Er wird an den »Hohen Feiertagen« feierlich rezitiert, und vielleicht erinnerte sich Kafka an die Zeile. Seinem Gebet folgte die traurige Erkenntnis: »Bin ich verurteilt, so bin ich nicht nur verurteilt zum Ende, sondern auch verurteilt, mich bis ins Ende hinein zu wehren« [T 363]. Eine sonderbare Vorahnung aus dem Mund eines Mannes, der im Begriff steht, sich zu verheiraten. Oder ist es möglich, daß Ehe, Leiden und Tod in Kafkas Augen eine Einheit bildeten, eine Einheit unter Ausschluß von Liebe?

Dr. Siegfried Lehmann (1892–1958), eine führende Gestalt im jüdischen Bildungswesen in Berlin, später in

Israel, gründete in Berlin das »Jüdische Volksheim«. Dieses Heim, in dem freiwillige Helfer arbeiteten, konzentrierte sich auf die kulturelle Förderung Jugendlicher, insbesondere jüdischer Flüchtlingskinder aus Osteuropa. Kafka legte Felice eindringlich nahe, sich an der Arbeit des Heims zu beteiligen. »Es kommt mir (und muß auch Dir nicht) auf den Zionismus hiebei ankommen, sondern nur auf die Sache selbst und was sich aus ihr etwa ergibt« [F 673]. Der moderne, humanistische, erzieherische Anspruch des Heims zog den Nicht-Zionisten Kafka an. »Stell Dich ihm [Dr. Lehmann] jedenfalls zur Verfügung« [F 673].

Der Vorschlag sagte Felice, die großes Interesse an Kindern hatte, vor allem solchen, die im Krieg ihre Eltern und Verwandten verloren hatten, sehr zu. »Daß Du mit dem Volksheim endlich in Berührung kommst freut mich ungemein«, schreibt Kafka ihr im August [F 683]. »Sehr zufrieden, Felice, sehr zufrieden bin ich mit Dir« [F 687]. Von nun an wird das Heim zum zentralen Thema in Kafkas Briefen an Felice. Er rät ihr: »Jedenfalls mußt Du Dich vor dem Jüdischen Volksheim wegen des Zionismus, den Du nicht genügend kennst, nicht fürchten. Es kommen durch das Volksheim andere Kräfte in Gang und Wirkung, an denen mir vielmehr gelegen ist. Der Zionismus, wenigstens in einem äußern Zipfel, den meisten lebenden Juden erreichbar, ist nur der Eingang zu dem Wichtigern« [F 675]. Und ein paar Wochen später: »Daß Ihr endlich zusammengekommen seid, Du und das Heim, ist natürlich das Wichtigste, alles andere wird, als die gute und allerbeste Sache, die es ist, sich von selbst ergeben... Die Hauptsache sind die Menschen, nur sie, die Menschen. Darüber möchte ich noch sehr gern etwas hören« [F 693/694].

Kafka erwartet von dem Heim, daß es in das Leben der typischen jungen Berliner Jüdin radikale Veränderungen bringen wird. »Nur die Wirklichkeit dort kann Dich wesentlich belehren, die kleine und kleinste Wirklichkeit. Mache Dir keine Vorurteile – weder gute noch schlechte, auch der Gedanke an mich soll hiebei nicht als Vorurteil wirken. Du wirst dort Hilfsbedürftigkeit sehn und Möglichkeit vernünftiger Hilfe, in Dir aber Kraft zu dieser Hilfe, also hilf. Das ist sehr einfach und doch abgründiger als alle Grundgedanken. Alles andere, wonach Du fragst, wird, wenn es so sein soll, aus diesem Einfachen sich von selbst ergeben.« Kafka versteht, daß die Arbeit sie gewissermaßen von ihm entfernen wird, aber eben nur gewissermaßen. »Im ganzen... weiß ich geradezu keine engere geistige Verbindung zwischen uns, als die, welche durch diese Arbeit entsteht« [F 696].

Zwischen den Zeilen liest man Kafkas Wunsch heraus, Felice ein intellektuelles Fundament außerhalb ihrer beruflichen Aufgaben mitzugeben und sich so der Pflicht zu entledigen, sich um sie kümmern zu müssen. Im Stil ist dieser Brief korrekt, objektiv und, wenn man so will, belehrend. Was fehlt, ist Liebe. »Ich habe dabei absichtlich das, was uns zwei und unsere Verbindung

72

betrifft, nicht berührt, das wollen wir schweigend halten« [F 695]. Im weiteren hofft er, daß auch Grete Bloch sich beim Volksheim engagieren wird.

Kafka war mit dem Einfluß, den das Heim auf Felice hatte, zufrieden. »Das Heim wird eine gute Vereinigung, über seinen nächsten Zweck sogar hinaus. Diesen Menschen vertraue ich Dich wirklich gern an« [F 711]. Im Dezember muß etwas vorgefallen sein, was Felice aufbrachte, denn Kafka schreibt: »Und das Heim? Hält und macht es Dich nicht fest?« [F 743]. Wenn es eine Antwort darauf gab, hieß sie nein.

Die Verhältnisse in Kafkas Elternhaus blieben für den übersensiblen Dichter bedrückend. »Ich... habe ein unendliches Verlangen nach Selbständigkeit, Unabhängigkeit, Freiheit nach allen Seiten« [F 729]. Er fühlt sich vom »heimatlichen Rudel« umkreist. Dabei weiß er sehr wohl, daß er ein Sproß seiner Eltern ist, »mit ihnen und den Schwestern im Blut verbunden«; aber auch das verfolgt er zeitweilig mit Haß: »Der Anblick des Ehebettes zu Hause, der gebrauchten Bettwäsche, der sorgfältig hingelegten Nachthemden kann mich bis nahe zum Erbrechen reizen, kann mein Inneres nach außen kehren, es ist, als wäre ich nicht endgiltig geboren, käme immer wieder aus diesem dumpfen Leben in dieser dumpfen Stube zur Welt, müsse mir dort immer wieder Bestätigung holen, sei mit diesen widerlichen Dingen, wenn nicht ganz und gar, so doch zum Teil unlöslich verbunden« [F 729]. All diese Unerquicklichkeiten finden ihr Gegengewicht in dem rationalen Wissen, daß sie seine Eltern sind, »notwendige, immer wieder Kraft gebende Bestandteile meines eigenen Wesens« [F 729/730]. Oft erscheint ihm seine Schwester Ottla so, wie er eine Mutter in der Ferne wollte: »rein, wahrhaftig, ehrlich, folgerichtig, Demütigkeit und Stolz, ... Hingabe und Selbständigkeit.« Aber Eltern sind nun einmal Eltern, er kann nicht gegen das Naturgesetz revoltieren, ohne verrückt zu werden. »Also wieder Haß und fast nichts als Haß.« Dann wieder zurück zu Felice: »Du nun gehörst zu mir, ich habe Dich zu mir genommen; ich kann nicht glauben, daß in irgendeinem Märchen um irgendeine Frau mehr und verzweifelter gekämpft worden ist als um Dich in mir, seit dem Anfang und immer von neuem und vielleicht für immer. Also Du gehörst zu mir« [F 730]. Jetzt schließt er seine Briefe mit »Liebste, nimm mich so wie ich bin« [F 723] und »Viele Grüße, Liebste und Beste« [F 719].

Über die wichtigsten Probleme des Zusammenlebens schrieb Kafka an Felice manchmal auf Postkarten, die er oft anstelle von Briefen benutzte. Aus diesen Kurznotizen erfahren wir, daß Felice ihm, ganz beiläufig, Eigensucht vorwarf, »mit der dahinterstehenden Drohung der Unaufhörlichkeit«. Das traf Kafka zutiefst – weil der Vorwurf berechtigt war. »Unrichtig ist nur, daß Du, gerade Du mir ihn machst, daß Du damit ... eine Berechtigung dieser Eigensucht leugnest ... Mein Schuldbewußtsein ist immer stark genug, es braucht keine Nahrung von außen, aber meine Organisation ist nicht stark genug, um häufig solche Nahrung hinunterzuwürgen« [F 711].

Kafka, der so Mitfühlende und Fürsorgliche, wurde eigensüchtig und intolerant, wenn es um seine Arbeit ging. Er kannte kein Mitleid, wenn er argwöhnte, daß man sich in seine Art, Dinge zu tun (in diesem Falle sein Schreiben), einzumischen versuchte. Er hätte verstehen müssen, daß er damit von seinen Mitmenschen, vor allem von seiner Familie, ein hohes Maß an Rücksichtnahme verlangte; er hätte verstehen müssen, daß solche Arbeitsbedingungen nicht ohne weiteres zu haben sind. Statt dessen setzte er seine Heirat und Freundschaft mit Felice aufs Spiel. Seine Familie hielt weiter zu ihm, wußte aber, daß sie dafür nicht viel Sohnesliebe zu erwarten hatte.

Vom 20. Oktober 1916 bis 6. April 1917 finden sich keine Einträge im Tagebuch. Die Kopie eines Briefes an Felice, geschrieben zwischen Ende Dezember 1916 und Anfang Januar 1917, schildert detailliert die Wohnungssuche der Verlobten [F 749 ff]. Die Hochzeit wurde für irgendeinen Zeitpunkt nach Kriegsende angesetzt. Kafka suchte etwas Ruhiges; er wurde von Ottla begleitet. Felice hoffte auf möglichst viel Komfort. Beides in einem war schwer zu haben. Die ruhigen Wohnungen waren nicht komfortabel, die komfortablen nicht ruhig.

Anfang Juli 1917 kam Felice nach Prag, um ihre

zweite Verlobung zu feiern. Es ist nicht einsichtig, was Kafka bewog, seine Beziehung zu Felice zu erneuern; auch was Felice sich dabei dachte, ist nicht klar. Vielleicht war jede noch so brüchige Entscheidung besser als gar keine Entscheidung. Das Paar machte einen offiziellen Besuch bei Max Brod (im Gedenken daran, daß sie sich im Hause Brod kennengelernt hatten). Sie reisten nach Arad im Banat, um Felices Schwester zu besuchen. In Budapest traf Kafka den Schauspieler Jizchak Löwy, mit dem er sich befreundet hatte, als das jiddische Theater in Prag spielte. Mitte Juli kehrte Kafka nach Prag zurück – allein.

Am 9. September teilte Kafka Felice mit, daß er vor vier Wochen einen schweren Blutsturz erlitten habe. Am Tag darauf ging er zum Arzt und später zu einem Spezialisten. Die Diagnose lautete: Tuberkulose in beiden Lungen. Das überraschte ihn nicht. »Ich locke ja durch Schlaflosigkeit und Kopfschmerzen die große Krankheit schon seit Jahren an und das mißhandelte Blut sprang eben hinaus.« Er empfindet sogar eine gewisse Erleichterung, denn die Krankheit »scheint... mit jenem Blut die Kopfschmerzen mir weggeschwemmt zu haben« [F 753] und beschließt, sich vom Amt beurlauben zu lassen und für mindestens drei Monate zu seiner Schwester nach Zürau zu ziehen.

In einem Brief aus Zürau bekennt er Felice: »Ich bin ein lügnerischer Mensch, ich kann das Gleichgewicht nicht anders halten, mein Kahn ist sehr brüchig. Wenn ich mich auf mein Endziel hin prüfe, so ergibt sich, daß ich nicht eigentlich danach strebe, ein guter Mensch zu werden... sondern... daß ich durchaus allen wohlgefällig würde, und zwar... so wohlgefällig, daß ich, ohne die allgemeine Liebe zu verlieren, schließlich, als der einzige Sünder, der nicht gebraten wird, die mir innewohnenden Gemeinheiten offen, vor aller Augen, ausführen dürfte« [F 755/756].

Gedachte er Felice damit von weiteren Heiratsgedanken abzubringen? In dem Brief kommen die Worte »... und ich endlich Dich haben darf...« vor, aber der Kontext läßt diese Interpretation der komplexen Situation nicht zu, denn er fährt fort: »Ich halte nämlich diese Krankheit im geheimen gar nicht für eine Tuberkulose, ...sondern für meinen allgemeinen Bankrott« [F 756]. Er schließt damit, daß er Felice ein Geheimnis mitteilt, »an das ich augenblicklich selbst gar nicht glaube (trotzdem mich das bei Arbeitsversuchen und beim Denken rings um mich in der Ferne fallende Dunkel vielleicht überzeugen könnte), das aber doch wahr sein muß: ich werde nicht mehr gesund werden« [F 757]. Im letzten erhalten gebliebenen Brief vom 16. Oktober 1917 erwähnt Kafka, daß er seine Freunde Max Brod, Felix Weltsch und Oskar Baum gebeten habe, ihn nicht zu besuchen [F 759]. Damit sollte wohl auch Felice von Besuchen abgehalten werden.

Felice kam Kafka in Zürau besuchen und mußte dazu dreißig Stunden reisen. Er meinte, er hätte sie daran hindern müssen. »So wie ich es mir vorstelle, trägt sie, wesentlich durch meine Schuld, ein Äußerstes an Unglück... In Kleinigkeiten hat sie unrecht, unrecht in der Verteidigung ihres angeblichen oder auch wirklichen Rechtes, im ganzen aber ist sie eine unschuldig zu schwerer Folter Verurteilte; ich habe das Unrecht getan, wegen dessen sie gefoltert wird, und bediene außerdem das Folterinstrument« [T 381].

Die Verlobung wurde gelöst. Am 16. Oktober schrieb Kafka seinen letzten Brief an Felice. Er glaubte nicht mehr, daß sie zusammengehörten, und erst recht sah er für sie keine gemeinsame Zukunft mehr.

Kafka teilte Felice klar und deutlich mit, daß er eine vollständige Trennung von ihr wünschte. Beide verbrachten den Abend des 25. Dezember bei den Brods. Brod notiert in seinem Tagebuch: »Beide unglücklich, reden nichts« [MB 147]. Laut Brod sagte Kafka: »Was ich zu tun habe, kann ich nur allein tun. Über die letzten Dinge klar werden. Der Westjude ist darüber nicht klar und hat daher kein Recht zu heiraten. Es gibt hier keine Ehen. Es sei denn, daß ihn diese Dinge nicht interessieren, zum Beispiel Geschäftsleute.« Am nächsten Vormittag kam Kafka zu Brod ins Büro. »Er hatte eben F. zur Bahn gebracht. Sein Gesicht war blaß, hart und streng. Aber plötzlich begann er zu weinen... ›Ist es nicht schrecklich, daß so etwas geschehen muß?‹« [MB 147/148].

Im Jahre 1955, nach dem Tod ihres Mannes, nahm Felice das Angebot von Schocken Books an, ihre gesammelten

Um 1917

Kafka-Briefe zu kaufen. Auf Einladung des Verlegers kam sie mit dem Packen Originalbriefe nach New York. Ich hatte die Ehre, über den Kauf der kostbaren Sammlung zu verhandeln. Es war eine sonderbare Begegnung. Frau Marasse (ihr Ehename) war traurig, sich von den Briefen, ihren Gefährten über viele Jahre, trennen zu sollen. Ich versuchte ihr klarzumachen, daß die Briefe, einmal veröffentlicht, viele Leser erreichen würden, denen Kafka Wichtiges mitzuteilen habe. Eine neue Generation wachse heran, und es sei ihre Pflicht, diesen Prozeß zu fördern. Wir sprachen über Kafka, den sie einen Heiligen nannte: »Mein Franz war ein Heiliger.« Im Rückblick auf die letzten Jahre mit Kafka durchlebte sie noch einmal die Abschiedsszene Ende Dezember 1917. Kafka drückte ihr die Hand, die ihr auf geheimnisvolle Weise folgte, als sie sich zur Tür wandte. Sie weinte jetzt, wie sie damals geweint hatte, als sie von ihrem Franz Abschied nahm. Ich brachte sie zur Tür. Sie hatte noch eine Frage: »Was macht Odra-dek?« – dieses seltsame Etwas, das weder ein toter Gegenstand noch ein Lebewesen ist. Die Frage verblüffte mich. Ich konnte nur antworten: »Lesen Sie noch einmal *Die Sorge des Hausvaters*«, die Erzählung Kafkas, in der dieses Etwas auftaucht. Und sie hatte noch eine Sorge: In dem Briefpäckchen befinde sich ein Umschlag mit Briefen, die ihrer Ansicht nach für eine Veröffentlichung zu intim seien; der Verlag müsse ihr vertrauliche Behandlung zusichern. Ich war zu einer solchen Zusicherung nicht befugt und bat sie, mit dem

Verleger selbst zu sprechen. Dieser aber legte Felice eine Sammlung Briefe vor, als deren Verfasserin sie Grete Bloch erkannte, ihre Gegenspielerin und Kafkas Geliebte in der Zeit, in der er mit Felice verlobt gewesen war. Mit aller Entschiedenheit verlangte der Verleger freie Hand bei der Behandlung beider Sammlungen und erhielt sie. In der zur Zeit entstehenden historisch-kritischen Ausgabe der Werke Kafkas werden alle Briefe in strikter chronologischer Folge erscheinen; Felice und Grete werden sich darin wieder in freund-schaftlicher Umarmung begegnen.

Im März 1919 heiratete Felice einen erfolgreichen Berli-ner Geschäftsmann. Max Brod brachte es Franz scho-nend bei. »Er war bewegt, von redlichsten Glückwün-schen für den neuen Ehebund erfüllt, die denn auch zu seiner großen Freude in Erfüllung gingen« [MB 148]. Felice Bauer-Marasse starb am 15. Oktober 1960 in Kalifornien.

Grete Bloch zog 1936 nach dem Tod ihres Arbeitgebers nach Italien, wo sie in Florenz eine Pension eröffnete. Das Britische Rote Kreuz meldete (am 16. Mai 1945), daß sie im Mai 1944 von den Deutschen aus Frosinone (Italien) abgeholt und von einem Nazisoldaten getötet worden sei.

Julie Wohryzek

Im Januar 1919 fuhr Kafka nach Schelesen, einem kleinen Ort nördlich von Prag, bei Liboch an der Elbe. In der Pension Stüdl traf er Julie Wohryzek, die hier von einer Krankheit genas. Sie war die Tochter eines Schuhmachers und Synagogendieners. Kafka begann eine Freundschaft mit ihr, aus der eine intime Beziehung wurde. Seine Briefe an sie sind nicht erhalten geblieben, und das Tagebuch von 1919 ist nicht sehr informativ. Nach unserm Wissen machte Kafka aber Julie klar, daß er nicht imstande sein werde, sie zu heiraten, obwohl er Ehe und Kinder für das Erstrebenswerteste auf Erden hielt.

Kafka beschreibt Julie in einem Brief an Max Brod. Sie sei »eine gewöhnliche und eine erstaunliche Erscheinung. Nicht Jüdin und nicht Nicht-Jüdin, nicht Deutsche und nicht Nicht-Deutsche, verliebt in das Kino, in Operetten und Lustspiele, in Puder und Schleier, Besitzerin einer unerschöpflichen und unaufhaltbaren Menge der frechsten Jargonausdrücke, im ganzen sehr unwissend, mehr lustig als traurig – so etwa ist sie. Will man ihre Volkszugehörigkeit genau umschreiben, muß man sagen, daß sie zum Volk der Komptoiristinnen gehört. Und dabei ist sie im Herzen tapfer, ehrlich, selbstvergessend, – so große Eigenschaften in einem

Geschöpf, das körperlich gewiß nicht ohne Schönheit, aber so nichtig ist, wie etwa die Mücke, die gegen mein Lampenlicht fliegt. Darin und in anderem ähnlich dem Frl. Bl., an das Du Dich vielleicht in Abneigung erinnerst. Könntest Du mir vielleicht für sie »Die dritte Phase des Zionismus« borgen oder etwas anderes, was Du für richtig hältst? Sie wird es nicht verstehn, es wird sie nicht interessieren, ich werde sie nicht dazu drängen – aber trotzdem.« [B 252].

Bei näherem Hinsehen mußte Kafka seine kritische Meinung über Julie revidieren. Die junge Dame hatte schon ein Buch über Zionismus gelesen und verstand es auf ihre Weise. Ihr im Krieg gefallener Verlobter war Zionist gewesen; ihre Schwester besuchte jüdische Vorträge; ihre beste Freundin war Mitglied der zionistischen Jugendbewegung – und versäumte nie einen Vortrag von Max Brod [B 253].

Seine Meinung über Julies Unbildung und ihre Vorliebe für volkstümliche Unterhaltung änderte Kafka jedoch nicht. Ihre Attraktivität blieb unbestritten, aber genügte sie für eine Beziehung, die bald in Heiratsgedanken mündete? Vulgäre Ausdrücke – jiddische und andere – störten im Moment ja nicht so sehr, aber wie stand es mit ihrer Ausdrucksweise allgemein?

Anfangs konnten die beiden nur zusammen lachen, und das taten sie unaufhörlich. Die Intimität beschränkte sich aufs Händehalten, wahrscheinlich ein bißchen länger, als die Sitte der Zeit guthieß. Sie siezten einander. Aber ganz gewiß kam die Frage der Heirat ins

Gespräch. Kafka teilte Julie mit, er könne trotz seiner hohen Meinung über Ehe und Kinder unmöglich heiraten.

Anfang März kehrte Julie nach Prag zurück. Kafka folgte ihr drei Wochen später. Die beiden begegneten sich wie große Liebende. Wir wissen nicht genug, um die Entwicklung der Beziehung zwischen den beiden so verschiedenen Menschen verfolgen zu können. Aber im Sommer hören wir von der Verlobung Kafkas mit Julie und dem Plan, im November zu heiraten. Er habe auf Heirat bestehen müssen, schrieb Kafka an Julies Schwester. Sie seien einander nach wie vor so nah, näher, als es Julie selbst bewußt sei. »Es sollte meiner Meinung nach zwar eine Liebesheirat, noch eigentlicher aber eine Vernunftheirat im hohen Sinne sein...« [An die Schwester von Julie Wohryzek, 24. 11. 1919; siehe Jürgen Born u. a., Kafka-Symposion. Berlin 1965, S. 45 ff].

Julies Familie verhielt sich fast rührend feinfühlig, verglichen mit der rohen, wenngleich natürlich sehr gut gemeinten Reaktion von Kafkas Vater. Kafka mag es nicht begriffen haben, aber für Herrn Wohryzek, den *Schammes*, war die Ehe ein Aufstieg, während die Kafkas ihren Franz eine Stufe hinuntersteigen sahen. Sollte Kafka ihre jeweilige Stellung auf der gesellschaftlichen Stufenleiter überhaupt gesehen haben, so war sie ihm gleichgültig. Viel bedeutete ihm hingegen Julies Einfachheit im Vergleich zu seinen früheren Geliebten. Kafkas Vater lehnte die Wahl seines Sohnes mit sehr deutlichen Worten ab, wie Kafka uns in seinem *Brief an den Vater*, geschrieben im November 1919 in Schelesen, mitteilt. Vater Kafka verhöhnte den Sohn, er folge nur seinen billigen sexuellen Neigungen. »Sie hat wahrscheinlich irgendeine ausgesuchte Bluse angezogen, wie das die Prager Jüdinnen verstehn, und daraufhin hast Du Dich natürlich entschlossen, sie zu heiraten. Und zwar möglichst rasch, in einer Woche, morgen, heute. Ich begreife Dich nicht, Du bist doch ein erwachsener Mensch, bist in der Stadt, und weißt Dir keinen andern Rat, als gleich eine Beliebige zu heiraten? Gibt es da keine anderen Möglichkeiten? Wenn Du Dich davor fürchtest, werde ich selbst mit Dir hingehen [ins Bordell]« [BV 63].

Aus der Heirat wurde nichts, aber nicht dem Vater zuliebe. Kafka behandelte das komplizierte Thema in einem überaus feinsinnigen, ausführlichen Brief an eine verheiratete Schwester Julies.

Julie, sagte Kafka, habe ein unbestimmtes Verlangen nach Flitter, der Welt, Vergnügen; von ihrem ursprünglichen Verlangen nach Kindern sei fast nichts mehr übrig. Die tiefgreifenden Unterschiede zwischen ihnen legten eine Aufgabe der Heiratsabsicht nahe. Kafka behauptete, die Trennung sei für ihn überhaupt nur akzeptabel, da er hoffe, daß Julie vernünftige Aussichten habe, schon bald einen guten Mann zu heiraten, den sie anzunehmen bereit sei, und Kinder zu bekommen und mit ihm so sauber und anständig zu leben, wie es gewöhnlichen Menschen in ihrer Situation heutzutage überhaupt möglich sei. Kafka vertrat auch die Ansicht, Julie könne zufrieden sein mit Treue und Liebe außerhalb der Ehe, oder was man heute so unter Ehe verstehe. Wenn diese Bedingungen nicht erfüllt werden könnten, möge man es bitte ihnen beiden selbst überlassen, denn trotz all seiner Schwächen hätten sie das Gefühl, zusammenzugehören.

Zu den inneren Schwierigkeiten kam eine äußere: Die Wohnung, die Kafka und Julie versprochen wurde, war nicht mehr zu haben, und sie hatten keine Aussicht auf eine andere. Die Verlobung ging nach einjähriger Dauer im Sommer 1920 zu Ende.

Bedauerlicherweise ist über diese Freundschaft weiter nichts bekannt. Julie eröffnete in Prag einen Damenhütesalon.

Milena Jesenská

Eigentlich war Kafka ja noch verlobt, als er die tschechische Schriftstellerin und Übersetzerin Milena Jesenská kennenlernte. Sie hatte Kafka – irgendwann im Jahre 1920 – gebeten, einige seiner Erzählungen ins Tschechische übersetzen zu dürfen. Kafka, damals siebenunddreißigjährig, hielt sich in Meran auf, um seine Lungenkrankheit zu kurieren; die dreiundzwanzigjährige Milena, eine Frau von ungewöhnlicher Intelligenz, von Charme und Lebenslust, fühlte sich ebenfalls nicht wohl. Vermutlich im Zusammenhang mit seinen Erzählungen schrieb Kafka an Milena, die er kaum kannte. Daraus entwickelte sich eine Freundschaft, die mehrere Jahre überdauerte.

Die Briefe an Milena sind erhalten geblieben, wenn auch nicht vollständig. Sie waren nicht datiert; Verweise auf bestimmte historische Daten führen gelegentlich zum Datum eines bestimmten Briefs. Der Versuch, die Reihenfolge der Briefe zu bestimmen, wurde vom Herausgeber der 1953er Ausgabe unternommen.

Die Freundschaft zwischen Kafka und Milena fing bescheiden an. »Es fällt mir ein, daß ich mich an Ihr Gesicht eigentlich in keiner bestimmten Einzelnheit erinnern kann. Nur wie Sie dann zwischen den Kaffeehaustischen weggiengen, Ihre Gestalt, Ihr Kleid, das sehe ich noch« [M 5]. Bald lernte er ihr reizendes Gesicht lieben, ihre schönen Hände.

Milena war mit Dr. Ernst Polak verheiratet, einem Mitglied des Wiener Intellektuellenzirkels. Die Ehe war unglücklich; nichtsdestoweniger empfand Milena, daß sie zu ihrem Mann »gehöre«, und lehnte eine Auflösung der Ehe ab. Kafka, der Polak oberflächlich kannte, hatte einen positiveren Eindruck von ihm. »Ihren Mann habe ich wohl anders beurteilt. Er schien mir in dem Kaffeehauskreis der verläßlichste, verständigste, ruhigste, fast übertrieben väterlich, allerdings auch undurchsichtig, aber nicht so, daß das Vorige dadurch aufgehoben worden wäre« [M 23].

Während der weiteren Entwicklung ihrer Freundschaft versuchte Kafka Milena davon zu überzeugen, daß Dr. Polak der Freundschaft seiner Frau mit Kafka nicht im Wege sei, sowenig wie Kafka ihrer Ehe im Weg war. Milena hatte ihm auf tschechisch geschrieben: »Ja, Du hast recht, ich habe ihn gern. Aber F., ich habe auch Dich gern.« Kafkas Antwort: » – ich lese den Satz sehr genau, jedes Wort, besonders beim ›auch‹ bleibe ich stehn, es ist alles richtig. Du wärst nicht Milena wenn es nicht richtig wäre und was wäre ich wenn Du nicht wärest... und doch, aus irgendeiner Schwäche kann ich mit dem Satz nicht fertig werden, es ist ein endloses Lesen und ich schreibe ihn schließlich hier noch einmal auf, damit auch Du ihn siehst und wir ihn zusammenlesen, Schläfe an Schläfe. (Dein Haar an meiner Schläfe)« [M 112]. Wir müssen annehmen, daß Milena verstand, wie wenig ihr Geliebter mit dem »ich habe auch Dich gern« zufrieden sein konnte, ungeachtet ihrer Gefühle für Polak.

Kafka achtete Polak wegen seiner Intelligenz und literarischen Kunstfertigkeit. Wie es auch bei anderen Personen der Fall war, überbewertete Kafka ihn. »Könnte ich mit ihm sprechen! Aber ich fürchte mich vor ihm, er ist mir sehr überlegen. Weißt Du Milena als Du zu ihm giengst, bist Du einen großen Schritt von Deiner Ebene hinabgegangen, kommst Du aber zu mir, so springst Du in die Tiefe« [M 61].

Polaks Untreue war in den Wiener und Prager Intellektuellenkreisen jedem bekannt, ohne allzuviel Anstoß zu erregen. Kafka an Milena: »Was bedeutet diese ›Untreue‹, die außerdem nicht aufhört in Dein tiefstes Leid auch tiefstes Glück auszuströmen, was bedeutet diese ›Untreue‹ gegen meine ewige Gebundenheit!« [M 215/216].

»Du ... hast ihn nicht verraten, denn Du liebst ihn, was Du auch sagen magst und wenn wir uns vereinigen ... ist es auf einer anderen Ebene, nicht in seinem Bereich« [M 99]. »Wenn du sagst, daß Du (wie es ja auch wahr ist) Deinen Mann so liebst, daß Du ihn nicht verlassen kannst (schon mir zuliebe nicht, ich meine: das wäre ja für mich entsetzlich, wenn Du es trotzdem tätest) so glaube ich es und gebe Dir recht. Wenn Du sagst, daß *Du* ihn zwar verlassen könntest, er aber Dich innerlich braucht und ohne Dich nicht leben kann, daß Du ihn also deshalb nicht verlassen kannst, so glaube ich es auch und gebe Dir auch recht. Wenn Du aber sagst, daß er äußerlich mit dem Leben ohne Dich nicht fertig werden kann und daß du ihn deshalb (dies zu einem Hauptgrund gemacht) deshalb nicht verlassen kannst, dann ist das entweder zum Verdecken der früher genannten Gründe gesagt... oder aber, es ist nur einer jener Späße des Gehirns... unter denen sich der Körper und nicht nur der Körper windet« [M 194/195].

Milena erkundigte sich nach Kafkas Verlobung. Kafka antwortete: »Ich war zweimal (wenn man will, dreimal, nämlich zweimal mit dem gleichen Mädchen) verlobt, also dreimal nur durch paar Tage von der Ehe getrennt. Das erste ist ganz vorüber (es gibt da schon eine neue Ehe und auch einen kleinen Jungen, wie ich höre), das zweite lebt noch, aber ohne jede Aussicht auf Ehe, lebt also eigentlich nicht oder lebt vielmehr ein selbständiges Leben auf Kosten der Menschen. Im Ganzen habe ich hier und anderswo gefunden, daß die Männer vielleicht mehr leiden oder wenn man es so ansehn will, hier weniger Widerstandskraft haben, daß aber die Frauen immer ohne Schuld leiden und zwar nicht so, daß sie etwa ›nicht dafür können‹ sondern im eigentlichsten Sinn, der allerdings wieder vielleicht in das ›nicht dafür können‹ mündet. Im übrigen ist das Nachdenken über diese Dinge unnütz« [M 10].

Als die Beziehung zwischen Kafka und Milena sich vertiefte, versuchte Kafka diese Nähe zu definieren. »Ich wollte immer wieder einen andern Satz hören, als

Du, diesen: ›Du bist mein.‹ Und warum gerade den? Er bedeutet doch nicht einmal Liebe, eher Nähe und Nacht« [M 223]. Oder ein andermal: »Sie hatten … mir gegenüber dreierlei Möglichkeiten. Sie hätten mir zum Beispiel gar nichts von sich sagen können, dann hätten Sie mich aber um das Glück gebracht, Sie zu kennen und was noch größer ist als das Glück, mich selbst daran zu erproben. Also durften Sie es mir nicht verschlossen halten. Dann hätten Sie mir manches verschweigen oder schönfärben können und könnten das noch, aber das würde ich in dem jetzigen Stande herausfühlen, auch wenn ich es nicht sagte und es würde mir doppelt weh tun. Also auch das dürfen Sie nicht tun. Bleibt dann als dritte Möglichkeit nur: sich selbst ein wenig zu retten suchen. Eine kleine Möglichkeit zeigt sich ja in Ihren Briefen. Öfters lese ich von Ruhe und Festigkeit, öfters freilich vorläufig noch von anderem und zum Schluß gar von ›wirklichem Entsetzen‹« [M 18].

Kafka sah sich selbst als immer weniger und weniger wichtig, besonders wenn er an Milena dachte. Einen seiner Briefe unterzeichnete er einfach mit »Dein« und erklärte in Klammern: »(nun verliere ich auch noch den Namen, immerfort ist er kürzer geworden und jetzt heißt er ›Dein‹)« [M 67].

»Meine Beziehung zu Dir kenne ich (*Du gehörst zu mir*, selbst wenn ich Dich nie mehr wiedersehen würde) … ich kenne sie, soweit sie nicht in das unübersichtliche Gebiet der Angst gehören, Deine Beziehung zu mir kenne ich aber gar nicht, sie gehört ganz der Angst an, Du kennst mich auch nicht, Milena, ich wiederhole das.

Für mich ist es ja etwas Ungeheuerliches was geschieht, meine Welt stürzt ein, meine Welt baut sich auf, sieh zu, wie Du (dieses Du bin ich) dabei bestehst. Um das Stürzen klage ich nicht... über ihr Sichaufbauen klage ich...« [M 57].

An irgendeinem Punkt (wir wissen nicht an welchem) wurde die Freundschaft Kafka–Milena zu einer herzlichen, intimen, leidenschaftlichen Liebe. Für Milena bedeutete Liebe den tiefsten Ausdruck des Menschseins. »Nichts weiß man von einem Menschen, bevor man ihn nicht geliebt hat« [BN 99], weiß Margarete Buber-Neumann sich an eine Aussage Milenas zu erinnern. Solches Wissen existierte zwischen Kafka und Milena.

Zu Beginn ihres Briefwechsels macht Kafka – vor dem Hintergrund ihrer eigenen Krankheit – Milena genauere Angaben über seine Lungenkrankheit. »Nicht daß ich über die Krankheit besonders erschrocken wäre, wahrscheinlich und hoffentlich – Ihre Andeutungen scheinen dafür zu sprechen – tritt sie bei Ihnen zart auf und selbst wirkliche Lungenkrankheit... die ich an mir seit 3 Jahren kenne, hat mir mehr Gutes als Schlimmes gebracht. Vor etwa 3 Jahren begann es bei mir mitten in der Nacht mit einem Blutsturz. Ich stand auf, angeregt wie man durch alles Neue ist... natürlich auch etwas erschreckt, gieng zum Fenster, lehnte mich hinaus, gieng zum Waschtisch, gieng im Zimmer herum, setzte mich auf's Bett – immerfort Blut. Dabei aber war ich gar nicht unglücklich, denn ich wußte allmählich aus einem bestimmten Grunde, daß ich nach 3, 4 fast schlaflosen Jahren, vorausgesetzt daß die Blutung aufhört, zum erstenmal schlafen werde. Es hörte auch auf... und ich schlief den Rest der Nacht. Am Morgen kam zwar die Bedienerin ... ein gutes, fast aufopferndes, aber äußerst sachlichtes Mädchen, sah das Blut und sagte: ›Herr Doktor, mit Ihnen dauert's nicht mehr lange.‹ Aber mir war besser als sonst, ich gieng ins Bureau und erst nachmittag zum Arzt.

Die weitere Geschichte ist hier gleichgiltig. Ich wollte nur sagen: Nicht Ihre Krankheit hat mich erschreckt... aber der Gedanke an das, was dieser Störung hat vorhergehn müssen... Es war so, daß das Gehirn die ihm auferlegten Sorgen und Schmerzen nicht mehr ertragen konnte. Es sagte: ›ich gebe es auf; ist hier aber noch jemand, dem an der Erhaltung des Ganzen etwas liegt, dann möge er mir etwas von meiner Last abnehmen und es wird noch ein Weilchen gehn.‹ Da meldete sich die Lunge, viel zu verlieren hatte sie ja wohl nicht. Diese Verhandlungen zwischen Gehirn und Lunge, die ohne mein Wissen vor sich giengen, mögen schrecklich gewesen sein« [M 6/7].

»Ich bin geistig krank, die Lungenkrankheit ist nur ein Aus-den-Ufern-treten der geistigen Krankheit« [M 29].

Milenas Gesundheit ging auch Kafka an: »Was Sie
über Ihre Gesundheit sagen (meine ist gut, nur mein
Schlaf ist in der Bergluft schlecht) genügt mir nicht.
Die Diagnose des Arztes finde ich nicht übermäßig
günstig, vielmehr ist sie weder günstig noch ungünstig,
nur Ihr Verhalten kann entscheiden, welche Deutung
man ihr geben soll. Gewiß, die Ärzte sind dumm oder
vielmehr sie sind nicht dümmer als andere Menschen
aber ihre Prätentionen sind lächerlich, immerhin, damit muß man rechnen, daß sie von dem Augenblick
an, wo man sich mit ihnen einläßt, immer dümmer
werden und was der Arzt vorläufig verlangt ist weder
sehr dumm noch unmöglich. Unmöglich ist, daß Sie
wirklich krank werden und diese Unmöglichkeit soll
bleiben. Worin hat sich Ihr Leben verändert, seitdem
Sie mit dem Arzt gesprochen haben – das ist die
Hauptfrage« [M 18/19].

»Dir wird ängstlich beim Gedanken an den Tod? Ich
habe nur entsetzliche Angst vor Schmerzen. Das ist ein
schlechtes Zeichen. Den Tod wollen, die Schmerzen
aber nicht, das ist ein schlechtes Zeichen. Sonst aber
kann man den Tod wagen. Man ist eben als biblische
Taube ausgeschickt worden, hat nichts Grünes gefunden und schlüpft nun wieder in die dunkle Arche«
[M 277].

Dann wiederum schlägt Kafka einen anderen Ton an
und rät seiner Freundin: »Zunächst aber jedenfalls sich
in einen Garten legen und aus der Krankheit, besonders wenn es keine eigentliche ist, soviel Süßigkeit

Milena Jesenská

ziehn, als nur möglich. Es ist viel Süßigkeit darin«
[M 10]. Milena genas.

Milenas Charakter faszinierte Kafka. Er schreibt an
sie: »Es ist die Eigentümlichkeit, daß Du nicht leiden
machen kannst. Nicht etwa aus Mitleid kannst Du nicht
leiden machen, sondern deshalb weil Du es nicht
kannst. – Nein, das ist phantastisch, fast den ganzen
Nachmittag habe ich darüber nachgedacht, jetzt aber
wage ich es nicht aufzuschreiben, vielleicht ist das
Ganze doch nur eine mehr oder minder großartige
Entschuldigung für ein Umarmen« [M 178]. Nichts von
solchem Lobpreis findet sich in Kafkas Korrespondenz
oder Gesprächen mit Felice. Im Gegenteil. Willentlich
oder unwillentlich war Felice die Quelle so mancher
Leiden ihres Freundes, und Kafka fühlte oft, daß er
seinerseits unwillentlich Leiden über Felice brachte.

»Milena... Du bist für mich keine Frau, Du bist ein
Mädchen, wie ich kein Mädchenhafteres gesehen habe,
ich werde Dir ja die Hand nicht zu reichen wagen,
Mädchen, die schmutzige, zuckende, krallige, fahrige,
unsichere, heiß-kalte Hand« [M 59]. Dann, rührend
fast: »Bleib immer bei mir!« [M 90].

Mehr und mehr wird Milena zum festen Bestandteil
in Kafkas Leben. »Ich gehe nur hier zwischen den
Zeilen herum, unter dem Licht Ihrer Augen, im Atem
Ihres Mundes wie in einem schönen glücklichen Tag,
der schön und glücklich bleibt, auch wenn der Kopf
krank ist, müde« [M 34]. »Sie stehn fest bei einem
Baum, jung, schön, Ihre Augen strahlen das Leid der

Welt nieder« [M 41]. »Inzwischen konnte ich Dich ein wenig ansehn, übrigens war es mir äußerst gleichgiltig wie Du aussahst, es kam mir nur auf Dein Wort an« [M 65].

Der Pessimist Kafka sehnte sich nach Glück; er glaubte es in seiner Liebe zu Milena gefunden zu haben. Am Rande eines Briefs an sie: »Und trotz allem glaube ich manchmal: wenn man durch Glück umkommen kann, dann muß es mir geschehn. Und kann ein zum Sterben Bestimmter durch Glück am Leben bleiben, dann werde ich am Leben bleiben« [M 91]. Der Liebende besitzt nichts als seine Liebe; dafür wiederum besitzt seine Liebe ihn: »Ich kann Dir irgendwie nichts mehr schreiben, als das was nur uns, uns im Gedränge der Welt, nur uns betrifft. Alles Fremde ist fremd. Unrecht! Unrecht! Aber die Lippen lallen und das Gesicht liegt in Deinem Schooß« [M 94].

»Ich dachte bisher ich könnte das Leben nicht ertragen, Menschen nicht ertragen und ich habe mich sehr geschämt, Du aber bestätigst mir jetzt, daß es nicht das Leben war, was mir unerträglich schien« [M 110].

»Ich sage Dir nichts, sondern setze Dich nur in den Lehnstuhl (Du sagst Du hättest mir nicht genug Liebes getan, aber gibt es mehr Liebe und Ehrung als mich dort sitzen zu lassen und davor zu sitzen und bei mir zu sein), jetzt setze ich Dich also in den Lehnstuhl und weiß nicht wie das Glück umfassen mit Worten Augen Händen und dem armen Herzen, das Glück, daß Du da bist und doch auch mir gehörst. Und dabei liebe ich doch gar nicht Dich, sondern mehr, sondern mein durch Dich mir geschenktes Dasein« [M 107/108].

Es macht Kafka Vergnügen, sich selbst mit seinen Freunden zu vergleichen: »Eine Eigenheit haben wir glaube ich gemeinsam Milena: so scheu und ängstlich sind wir, jeder Brief fast ist anders, fast jeder erschreckt über den vorhergehenden und noch mehr über den Antwortbrief. Sie sind es nicht von Natur aus, das sieht man leicht, und ich, vielleicht bin sogar ich es nicht von Natur aus, aber fast ist es schon zur Natur geworden, nur in Verzweiflung und höchstens noch im Zorn vergeht es und nicht zu vergessen: in der Angst« [M 40]. Kafkas Selbstkritik ist richtig; nicht jedoch seine Deutung von Milenas starkem Charakter.

Ein Liebender, auch wenn er sich seiner Geliebten völlig sicher ist, bittet um Bestätigung. Die Geliebte verlieren zu können, kann für die intimste Beziehung eine ständige Bedrohung darstellen. Kafka an Milena: »Und schreiben muß ich Dir Milena, weil Du aus meinen letzten Klagebriefen ... schließen könntest, ich sei Deiner unsicher, ich fürchtete, Dich zu verlieren, nein, ich bin nicht unsicher. Könntest Du mir denn das sein, was Du mir bist, wenn ich Deiner nicht sicher wäre? Was diesen Eindruck erweckt, das war mir die kurze körperliche Nähe und die plötzliche körperliche Trennung ... das darf doch die Sinne ein wenig verwirren. Verzeih! Und nimm jetzt am Abend zur guten

Nacht in einem Strom alles auf was ich bin und habe und was glückselig ist in Dir zu ruhn« [M 97].

»Einmal abend schriebst Du, alles sei möglich, nur daß ich Dich verliere sei unmöglich – es war doch eigentlich nur noch ein leiser Druck nötig und das Uumögliche wäre gelungen. Und vielleicht gab es sogar diesen Druck und vielleicht gelang es« [M 191].

Glaubte Kafka, daß er und Milena jemals wirklich zusammenleben würden? »So scheint es mir manchmal daß wir statt zusammenzuleben, uns nur gut und zufrieden zu einander legen werden, um zu sterben. Aber was auch geschehn mag, es wird in Deiner Nähe sein« [M 113]. »Was für ein leichtes Leben wird es sein, wenn wir beisammen sind – wie schreibe ich darüber, ich Narr!... Verstehe mich recht und bleib mir gut« [M 119].

Später aber: »Warum Milena schreibst Du von der gemeinsamen Zukunft, die doch niemals sein wird, oder schreibst Du deshalb davon?... Es gibt wenig sicheres, aber das gehört dazu, daß wir niemals zusammenleben werden, in gemeinsamer Wohnung, Körper an Körper, bei gemeinsamem Tisch, niemals, nicht einmal in der gleichen Stadt« [M 275/276].

»Nein Milena, die gemeinsame Möglichkeit, die wir in Wien zu haben glaubten, haben wir nicht, keinesfalls, wir hatten sie auch damals nicht, ich hatte ›über meinen Zaun‹ geschaut, hatte mich oben nur mit den Händen festgehalten, dann bin ich mit zerschundenen Händen wieder zurückgefallen. Gewiß gibt es noch andere gemeinsame Möglichkeiten, die Welt ist voll Möglichkeiten, aber ich kenne sie noch nicht« [M 290].

Ein Treffen der beiden wurde in ihrer Korrespondenz besprochen. Die abweichenden Formulierungen sind wichtig. »Wir werden uns früher sehn, als ich glaube? (Nun schreibe ich ›sehn‹, Du schreibst ›zusammenleben‹.) Ich glaube aber (und sehe es überall bestätigt, überall, an Dingen, die gar nicht damit zusammenhängen, alle Dinge sprechen davon) daß wir niemals zusammenleben werden und können, und ›früher‹ als ›niemals‹ ist doch wieder nur niemals« [M 279].

Kafka war sich zutiefst der Tatsache bewußt, daß er Jude und Milena Christin war, obwohl beide die Riten und Traditionen ihres jeweiligen Glaubens nicht befolgten. Kafka wußte wohl, daß er als Jude viel älter war als seine achtunddreißig Kalenderjahre; eine lange Geschichte und ein Schicksal von vielen Jahrhunderten sind da mitzuzählen. Der westeuropäische Jude hatte die Bürde der Tradition abgeschüttelt. Aber Kafka betrachtete sich – zumindest mit einem Teil seines Seins – nicht dieser traditionslosen, entwurzelten Gesellschaft zugehörig.

An die hundert osteuropäische jüdische Flüchtlinge, den vorrückenden russischen Armeen entkommen, waren im jüdischen Gemeindesaal untergebracht und warteten auf amerikanische Visa. Kafka beobachtete diese elende, leidende Menschheit: »Wenn man mir freigestellt hätte, ich könnte sein was ich will, dann hätte ich ein kleiner ostjüdischer Junge sein wollen, im Winkel des Saales, ohne eine Spur von Sorgen... und in paar Wochen wird man in Amerika sein... Und solche Jungen liefen dort genug herum, kletterten über die Matratzen, krochen unter Stühlen durch und lauerten auf das Brot, das ihnen irgendjemand – es ist ein Volk – mit irgendetwas – alles ist eßbar – bestrich« [M 258]. »Ein Volk« ist ein biblischer Ausdruck, der zum Inbegriff der physischen und religiösen Einheit des jüdischen Volks geworden war. Jude zu sein, bedeutet, sich zu identifizieren mit dem Schicksal, das dies bedeutet, und die moralische Verpflichtung zu gegenseitiger Unterstützung und Hilfe zu akzeptieren. Kafka, der Westjude, war sich dessen bewußt.

»Abend sprach ich wieder einmal mit einem palästinensischen Juden, es ist unmöglich Dir ihn im Brief begreiflich zu machen, ich glaube, seine Wichtigkeit für mich, ein kleiner, fast winziger, schwacher, bärtiger, einäugiger Mann. Aber er hat mich die halbe Nacht gekostet in der Erinnerung« [M 162]. Kafka, der den assimilierten und doch nur oberflächlich kultivierten Westjuden leichten Herzens ablehnte, erkannte den Wert eines Menschen, der den armen, schlichten, bescheidenen Ostjuden repräsentierte, oder einen, der von dort stammte. Von dem in der westlichen Kultur eingebetteten Kafka war eine Lösung dieses Dilemmas nicht zu erwarten, aber er konnte auf das Problem und seine profunde Tiefe hinweisen. Es war ein ernsthaftes persönliches Problem.

In einem spielerischeren Ton schrieb er an Milena über seine Bar-Mizwa. Mit dreizehn Jahren wurde ein jüdischer Junge zum Bar-Mizwa (»Sohn des Gesetzes«), für sein Handeln verantwortlich. »Weißt Du übrigens, daß Du mir zur Konfirmation, es gibt auch eine Art jüdischer Konfirmation, geschenkt worden bist? Ich bin 83 geboren, war also 13 Jahre alt, als Du geboren wurdest. Der 13te Geburtstag ist ein besonderes Fest, ich mußte im Tempel ein mühselig eingelerntes Stück vorbeten, oben beim Altar, dann zuhause eine kleine (auch eingelernte) Rede halten. Ich bekam auch viele Geschenke. Aber ich stelle mir vor, daß ich nicht ganz zufrieden war, irgendein Geschenk fehlte mir noch, ich verlangte es vom Himmel; bis zum 10. August zögerte er« [M 207]. Ein merkwürdiges und doch bezeichnendes Bild: die kleine Milena als Bar-Mizwa-Geschenk für den frühreifenden Jungen Franz! Noch später sollte Milena, wieder in Kafkas Augen, dann zum »Judenengel« [M 87] werden.

Immerhin bekannte Kafka sich wahrheitsgemäß zu seiner Entfernung von der östlichen Kultur, die er so hochlobte. »Wir kennen doch beide ausgiebig charakteristische Exemplare von Westjuden, ich bin, soviel ich weiß, der westjüdischste von ihnen, das bedeutet, übertrieben ausgedrückt, daß mir keine ruhige Sekunde geschenkt ist, nichts ist mir geschenkt, alles muß erworben werden, nicht nur die Gegenwart und Zukunft, auch noch die Vergangenheit, etwas das doch jeder Mensch vielleicht mitbekommen hat, auch das muß erworben werden, das ist vielleicht die schwerste Arbeit, dreht sich die Erde nach rechts – ich weiß nicht, ob sie das tut – müßte ich mich nach links drehn, um die Vergangenheit nachzuholen. Nun habe ich aber zu allen diesen Verpflichtungen nicht die geringste Kraft, ich kann nicht die Welt auf meinen Schultern tragen, ich ertrage dort kaum meinen Winterrock« [M 294].

Milena schickte Kafka anscheinend ein paar Korrekturen zur tschechischen Übersetzung von »Der Heizer«, dem ersten Kapitel des Romans *Amerika*. Kafka antwortete: »...freue ich mich durch ein paar Bemerkungen über den Heizer, die Sie wünschen, wirklich ein kleines Opfer bringen zu können, es wird der Vorgeschmack jener Höllenstrafe sein, die darin besteht daß man sein Leben nochmals mit dem Blick der Erkenntnis durchnehmen muß, wobei das Schlimmste nicht die Durchsicht der offenbaren Untaten ist sondern jener Taten die man einstmals für gut gehalten hat« [M 15].

Kafkas Ansicht über menschliche Güte? »Mein Unglück ist, daß ich alle Menschen – und die für mich ausgezeichnetsten natürlich vor allem – für gut halte, mit dem Verstand, mit dem Herzen für gut halte« [M 239].

Unter biblischen Motiven, Bildern und Geschichten fühlte Kafka sich besonders angezogen von der Geschichte des Sündenfalls im 1. Buch Mose, 3. Kapitel; in seinen »Aphorismen« (geschrieben zwischen Oktober 1917 und Februar 1918) bezieht er sich auf diese Geschichte, die für ihn die Natur und das Schicksal der

Menschheit schildert. In einem Brief an Milena benutzt er den biblischen Symbolismus zur Erklärung eines in sich unbedeutenden Geschehnisses: »Es ist so wie wenn Eva den Apfel (manchmal glaube ich, ich verstehe den Sündenfall wie kein Mensch sonst) zwar abgerissen hätte, aber nur um ihn Adam zu zeigen, weil er ihr gefallen hat. Das Hineinbeißen war das Entscheidende, das Mit-ihm-spielen war zwar nicht erlaubt, aber auch nicht verboten« [M 217].

»Was Du Milena von den Leuten schreibst, sie haben keine Kraft zu lieben, war richtig, auch wenn Du es beim Niederschreiben nicht für richtig gehalten hast. Vielleicht besteht ihre Liebeskraft nur darin, geliebt werden zu können. Und auch darin gibt es noch für diese Leute eine abschwächende Unterscheidung. Wenn einer von ihnen zu seiner Geliebten sagt: ›Ich glaube es, daß Du mich liebst‹ so ist das etwas ganz anderes und viel geringeres als wenn er sagt: ›Ich werde von Dir geliebt.‹ Aber das sind ja keine Liebenden, das sind Grammatiker« [M 270].

Kafka wußte wohl, daß wahre Liebe ein Element der Ewigkeit enthält. »Ich bin müde, weiß nichts, und wollte nichts als mein Gesicht in Deinen Schooß legen, Deine Hand auf meinem Kopf fühlen und so bleiben durch alle Ewigkeiten« [M 135]. »Nichts, still sein in Deinem Schooß« [M 149]. Man fühlt sich an das Hohelied erinnert: »Milena, wie gut ist es bei Dir!« [M 131]. Oder in modernerem Ton: »Möchtest Du mir nicht

jetzt... die Hand reichen und lange, lange mir lassen?«
[M 155]. Der gegenwärtige Sprachgebrauch würde ein
direkteres, irdischeres Bild gebrauchen – das Kafka als
unrein, ja vulgär betrachtet haben würde.

Selten enthüllte Kafka in seinen Schriften seine inner-
ste Einstellung gegenüber »dem Abgrund, über den ich
nicht hinwegkommen kann« und »allem anderen Leben«, das er aufgegeben hatte. Aus einem Brief: »Da ich
Dich liebe (*und ich liebe Dich also Du Begriffstützige so
wie das Meer einen winzigen Kieselstein auf seinem
Grunde lieb hat, genau so überschwemmt Dich mein
Liebhaben* – und bei Dir sei ich wieder der Kieselstein,
wenn es die Himmel zulassen) liebe ich die ganze Welt
und dazu gehört auch Deine linke Schulter, nein es war
zuerst die rechte und darum küsse ich sie, wenn es mir
gefällt (und Du so lieb bist die Bluse dort wegzuziehn)
und dazu gehört auch die linke Schulter und dein Gesicht
über mir im Wald und Dein Gesicht unter mir im Wald
und das Ruhn an Deiner fast entblößten Brust. Und
darum hast Du recht, wenn Du sagst daß wir schon eins
waren und ich habe gar keine Angst davor, sondern es ist
mein einziges Glück und mein einziger Stolz und ich
schränke es gar nicht auf den Wald ein. Aber eben
zwischen dieser Tag-Welt und jener ›halben Stunde im
Bett‹ von der Du einmal verächtlich als von einer
Männer-Sache schriebst, ist für mich ein Abgrund, über
den ich nicht hinwegkommen kann, wahrscheinlich weil
ich nicht will... (ich habe) alles andere Leben aufgegeben... Sieh mir in die Augen!« [M 202/203].

Noch ein Beispiel dafür, wie wichtig Reinheit für Kafka ist: »Schmutzig bin ich Milena, endlos schmutzig, darum mache ich ein solches Geschrei mit der Reinheit. Niemand singt so rein, als die welche in der tiefsten Hölle sind; was wir für den Gesang der Engel halten, ist ihr Gesang« [M 228]. »Schmutzig, endlos schmutzig« muß man als Metapher verstehen; in der Wirklichkeit wachte er über seine Reinlichkeit, die körperliche wie die gefühlsmäßige. Wollte er Milena vielleicht dazu verleiten, ihrem Freund zu widersprechen? Wir wissen es nicht.

Kafka liebte das spielerische Paradox, halb ernst, halb leichtherzig. An Milena: »Ich erinnere mich z. B. daß Du mich fragtest, ob ich Dir in Prag nicht untreu gewesen bin. Es war halb Scherz halb Ernst, halb Gleichgültigkeit – wieder die 3 Hälften eben weil es unmöglich war. Du hattest meine Briefe und fragtest so. War das eine mögliche Frage? Aber nicht genug daran, jetzt machte ich es noch unmöglicher. Ich sagte, ja, ich sei Dir treu gewesen. Wie kann es geschehn, daß man so spricht? An dem Tag sprachen wir miteinander und hörten einander zu, oft und lange, wie fremde Menschen« [M 224].

Die traurige Erfahrung, die Kafka aufgrund seiner Abhängigkeit von Briefen in seiner Freundschaft mit Felice durchlebte, wiederholte sich in seiner Beziehung zu Milena. Er erkannte die Möglichkeit des Mißverständnisses und der Täuschung, die einer solchen Beziehung innewohnt, doch an seinem Bedürfnis nach Briefen und Telegrammen konnte er nichts ändern. »Kann ich noch bis Sonntag einen Brief bekommen? Möglich wäre es schon. Aber es ist unsinnig, diese Lust an Briefen. Genügt nicht ein einziger, genügt nicht ein Wissen? Gewiß genügt es, aber trotzdem lehnt man sich weit zurück und trinkt die Briefe und weiß nichts als daß man nicht aufhören will zu trinken. Erklären Sie das, Milena, Lehrerin!« [M 23]. »Dann kam Ihr liebes liebes Telegramm, ein Trostmittel gegen die Nacht, diese alte Feindin« [M 48].

»Und eigentlich schreiben wir immerfort das Gleiche. Einmal frage ich ob Du krank bist und dann schreibst Du davon, einmal will ich sterben und dann Du, [...], einmal will ich vor Dir weinen wie ein kleiner Junge und dann Du vor mir wie ein kleines Mädchen. Und einmal und zehnmal und tausendmal und immerfort will ich bei Dir sein und Du sagst es auch. Genug, Genug« [M 148].

Milena beklagte sich, daß manche von Kafkas Briefen, drehe man sie auch nach allen Seiten, leer seien, »es fällt nichts heraus«. Die Antwort des Liebenden: »Aber doch sind das, wenn ich nicht irre gerade jene, in denen ich Ihnen so nahe war, so gebändigt im Blut, so bändigend Ihres, so tief im Wald, so ruhend in Ruhe, daß man wirklich nichts anderes sagen will, als etwa, daß durch die Bäume oben der Himmel zu sehen ist, das ist alles und in einer Stunde wiederholt man das Gleiche und es ist allerdings darin nicht ein einziges Wort, das nicht sehr wohlerwogen wäre. Es dauert ja auch nicht lange, einen Augenblick höchstens, bald blasen wieder die Trompeten der schlaflosen Nacht« [M 40/41].

»Sie wissen ja, wie ich Briefe hasse. Alles Unglück meines Lebens... kommt, wenn man will, von Briefen oder von der Möglichkeit des Briefeschreibens her... Die leichte Möglichkeit des Briefeschreibens muß – bloß theoretisch angesehn – eine schreckliche Zerrüttung der Seelen in die Welt gebracht haben. Es ist ja ein Verkehr mit Gespenstern und zwar nicht nur mit dem Gespenst des Adressaten, sondern auch mit dem eigenen Gespenst, das sich einem unter der Hand in dem Brief, den man schreibt, entwickelt oder gar in einer Folge von Briefen. ... Wie kam man nur auf den Gedanken, daß Menschen durch Briefe mit einander verkehren können! ... Briefe schreiben aber heißt, sich vor den Gespenstern entblößen, worauf sie gierig warten. Geschriebene Küsse kommen nicht an ihren Ort, sondern werden von den Gespenstern auf dem Wege ausgetrunken. Durch diese reichliche Nahrung vermehren sie sich ja so unerhört. Die Menschheit fühlt das und kämpft dagegen, sie hat, um möglichst das Gespenstische zwischen den Menschen auszuschalten, und den natürlichen Verkehr, den Frieden der Seelen zu erreichen, die Eisenbahn, das Auto, den Aeroplan erfunden. ... sie hat nach der Post den Telegraphen erfunden, das Telephon, die Funkentelegraphie. Die Geister werden nicht verhungern, aber wir werden zugrundegehn« [M 301/302].

»Dann kam Ihr Brief. Es ist mit dem Schreiben jetzt sonderbar. Sie müssen – wann mußten Sie das nicht? – Geduld haben. Ich habe seit Jahren niemandem geschrieben, ich war in dieser Hinsicht wie tot, ein Fehlen jeden Mittcilungsbedürfnisses, ich war wie nicht von dieser Welt, aber auch von keiner andern« [M 313].

»Und diese Briefe sind doch nur Qual, *kommen aus Qual, unheilbarer, machen nur Qual, unheilbare*, was soll das – und es steigert sich gar noch – in diesem Winter? Still sein, ist das einzige Mittel zu leben, hier und dort. Mit Trauer, gut, was tut das?« [M 301].

»Sonst aber stimmst Du mit mir schon seit langem überein, daß wir einander jetzt nicht mehr schreiben sollen; daß *ich* es gerade gesagt habe, war nur Zufall, Du hättest es ebenso gut sagen können. Und da wir einig sind, ist es nicht nötig, zu erklären warum das Nicht-schreiben gut sein wird« [M 264].

»...daß ich diese Briefe, nicht einmal diese wichtigen Briefe weiter schreiben kann... Ich muß aufhören, ich kann nicht mehr schreiben. ...Bitte nicht mehr schreiben« [M 317].

Der letzte erhalten gebliebene Brief an Milena datiert von Mitte Dezember 1923. Später besuchte sie Kafka noch mehrere Male. In einem Brief an Brod bat Kafka, von Schmerzen geschwächt, er möge weitere Besuche verhindern. So endete eine tiefe Freundschaft, eine, die nah an Leidenschaft herankam, eine, in der die

Frau bereit und willens war, mehr von sich zu geben, als der Geliebte bereit (oder imstande?) war, anzunehmen.

Nachdem die Beziehung geendet hatte, schilderte Milena sie in Briefen an Max Brod: »Ich habe seine (Kafkas) Angst eher gekannt, als ich ihn gekannt habe. Ich habe mich gegen sie gepanzert, indem ich sie begriffen habe. In den vier Tagen, in denen Frank neben mir war, hat er sie verloren. Wir haben über sie gelacht. ... Das also habe ich damals zu beseitigen vermocht. Wenn er diese Angst spürte, hat er mir in die Augen gesehen, wir haben eine Weile gewartet, so als ob wir keinen Atem bekommen könnten oder als ob uns die Füße wehtäten, und nach einer Weile ist es vergangen. Es war nicht die geringste Anstrengung nötig, es war einfach und klar ... er war einfach gesund, und seine Krankheit war uns in diesen Tagen etwas wie eine kleine Erkältung. Wäre ich damals mit ihm nach Prag gefahren, so wäre ich ihm die geblieben, die ich ihm war. Aber ich war mit beiden Füßen unendlich fest mit dieser Erde hier zusammengewachsen, ich war nicht imstande meinen Mann zu verlassen und vielleicht war ich zu sehr Weib, um die Kraft zu haben, mich diesem Leben zu unterwerfen, von dem ich wußte, daß es strengste Askese bedeuten würde, auf Lebenszeit. In mir aber ist eine unbezwingbare Sehnsucht, ja eine rasende Sehnsucht nach einem ganz anderen Leben, als ich es führe und als ich es wohl je führen werde, nach einem Leben mit einem Kinde, nach einem Leben, das der Erde sehr nahe wäre. Und das hat also wohl in mir über alles andere gesiegt, über die Liebe, über die Liebe zum Flug, über die Bewunderung und nochmals die Liebe. Man mag übrigens darüber was immer sagen, so kommt doch nur eine Lüge heraus. Diese ist vielleicht noch die kleinste. Und dann war es eben schon zu spät. Dann ist dieser Kampf in mir zu deutlich sichtbar geworden und das hat ihn erschreckt. Gerade das ist es ja, wogegen er sein ganzes Leben lang angekämpft, von der andern Seite her. Bei mir hat er sich ausruhen können. Aber dann hat es begonnen, ihn auch bei mir zu verfolgen. Gegen meinen Willen. Ich habe ganz gut gewußt, daß etwas geschehen ist, was nicht mehr beseitigt werden kann. Ich war zu schwach, als daß ich das hätte tun und erfüllen können, wovon ich gewußt habe, daß es einzig und allein ihm geholfen hätte. Es *ist* dies meine Schuld. Und auch Sie wissen, daß es meine Schuld ist. Das, was man auf Franks Nicht-Normalität schiebt, gerade das ist sein Vorzug. Die Frauen, die mit ihm zusammengekommen sind, waren gewöhnliche Frauen und haben nicht anders zu leben gewußt als eben Frauen. Ich glaube eher, daß wir alle, die ganze Welt und alle Menschen krank sind und er der einzige Gesunde und richtig Auffassende und richtig Fühlende und der einzige reine Mensch. Ich weiß, daß er sich nicht gegen das *Leben* wehrt, sondern nur gegen *diese Art von Leben da* wehrt er sich. Hätte ich es zustande gebracht, mit ihm zu gehen, so hätte er mit mir glücklich leben können. Aber das weiß ich erst heute, all dies. Damals war ich ein gewöhnliches Weib wie alle Weiber auf der Welt, ein kleines, triebhaftes Weibchen. Und daraus ist seine Angst entstanden. Sie war richtig. ...Daß er mich liebt, weiß ich. Er ist zu gut und schamhaft, als daß er aufhören könnte, mich zu lieben. Er würde das als eine Schuld ansehen.« [MB 203/204].

Milena endete als Opfer der Nazipolitik: Sie wurde verdächtigt, Kommunistin zu sein, und ins Konzentrationslager Ravensbrück gesperrt, wo sie starb. Es wird berichtet, daß sie sich trotz der Demütigungen, die ihr dort angetan wurden, als stolzer, freier Mensch verhielt; sie ließ sich ihre Würde nicht nehmen. Ein paar Tage nach Kafkas Tod erschien Milenas Nachruf auf Kafka. Sie schrieb über ihren Freund: »Er war zu hellsichtig, zu weise, um leben zu können.« Sie schrieb von »der sensiblen Sicht eines Menschen, der die Welt so klar erblickt hatte, daß er es nicht ertragen konnte und sterben mußte« [M 380].

Minze Eisner

Während Kafka an seinem »Brief an den Vater« schrieb, lernte er Minze Eisner kennen, ein achtzehnjähriges böhmisches Mädchen, das gerade von einer langen Krankheit genas. Sie wird beschrieben als ein junges Mädchen, beladen mit psychologischem Kummer und einem leeren Leben. Kafka hatte das Gefühl, ihr helfen zu können.

Nach ihrer Abreise aus Schelesen entwickelte sich ein freundschaftlicher Briefwechsel. Kafka hatte Freude an Minzes Briefen. »Sie machen mir viel Freude, wirklich, und die Tage, an denen ich Ihre Karte und jetzt Ihren Brief bekam, waren ausgezeichnet vor den andern« [B 281]. Minze schickte Kafka ein Photo von sich. In seinem Dank merkt Kafka an: »...die nachdenklichen (...) Augen, der nachdenkliche Mund, die nachdenklichen Wangen, alles denkt nach, es gibt ja auch so viel nachzudenken in dieser merkwürdigen Welt« [B 268].

Kafka ermutigte seine junge Freundin, an ihr besseres Ich zu glauben, sich einer nützlichen Tätigkeit zu widmen und darauf zu vertrauen, daß ihre Werke der Mühe wert seien. Er erinnert sich liebevoll an Minzes hübsches Gesicht und ihre Jugend. Jugend, schreibt er ihr, »träumt von der Zukunft und erregt in den andern die Träume oder vielmehr man ist selbst ein Traum, wie sollte das nicht schön sein« [B 262]. Er gemahnte die »arme liebe Minze« an den Teufel in einem jeden, der »weder gut noch schlecht« ist, »sondern es ist Leben. ... Dieser Teufel ist das Material (und im Grunde ein wunderbares), das Sie mitbekommen haben und aus dem Sie nun etwas machen sollen« [B 266/267].

Zärtlichkeit und Wärme schimmern aus seinem kurzen Geständnis: »Für den Fall, daß ich es noch nicht gesagt haben sollte, sage ich es heute: Sie sind lieb und gut« [B 276].

In seiner Antwort auf einen von Minzes Briefen, von dem ein Teil lang und fröhlich, der andere kurz und traurig war, schreibt Kafka: »Der allgemeine Lauf der Welt ... ist weder fröhlich noch traurig, sondern, ob er nun fröhlich oder traurig aussieht, immer nur eine trübe, verzweifelte Mischung.« Ihr Freund war glücklich über ihr Glück und nicht so niedergeschlagen über ihre Traurigkeit. Er schließt seinen Brief mit: »Mut, Minze, Mut!« [B 300/301].

Minze berichtete über ein Fieber, mit dem sie jeden Tag erwachte, und bemerkte traurig: »Je eher und schöner das Leben vergeuden, desto besser.« Kafkas Antwort: »Mag es so sein, wenn Sie wollen. Aber glauben Sie mir, mit Fieber wird das Leben nicht ›schön‹ vergeudet, ja nicht einmal ›eher‹. ... Man vergeudet nicht, man wird vergeudet. Und dagegen kann man sich mit Ihrer frischen Jugend wunderbar wehren und das müssen Sie« [B 309/310].

Kafka zitiert Arthur Schopenhauer, um die Aussage

Minze Eisner

zu verdeutlichen, daß die Welt und das Leben immer interessant und schön seien, und schließt: »Dieses schöne Leben in dieser schönen Welt will auch wirklich durchgelebt werden in jeder Einzelheit jedes Augenblicks und das ist dann gar nicht mehr schön, sondern nichts als Mühsal.« Was heißen soll, daß es nach einem schweren Arbeitstag »am Abend mit dem Blick in die Petroleumlampe neben sich ... gar nicht mehr schön und fast ein wenig zum Weinen [ist]« [B 310/311].

Kafka versuchte Minze auf diese Weise zu lehren, für beide Seiten des Lebens aufgeschlossen zu sein und an dem, was zu tun ist, Anteil zu nehmen. Man beachte den väterlichen, milden, liebevollen Ton in Kafkas Stimme. Er freut sich darüber, daß sie »ein wenig fröhlicher« ist als in ihrem letzten Brief [B 311]. Er beobachtet ihre Fortschritte im Leben. Er bemerkt mit Freude, daß »Sie den Hindernissen ... nicht nachgegeben haben und Ihr selbständiges tapferes Leben weiterführen« [B 420].

Im Januar oder Februar 1923 verlobte sich Minze. Kafkas letzter erhalten gebliebener Brief an sie ist vom März datiert. Er bittet sie, ihren Verlobten von ihm zu grüßen, »und bleiben Sie fröhlich und stark in der großen Umwälzung!« [B 429].

Minze starb 1972 mit einundsiebzig Jahren. Auch dies ist eine Liebesgeschichte, die Geschichte einer rührenden, väterlichen Beziehung. Und wir haben darin ein kostbares Dokument für Kafkas Lebensphilosophie.

Dora Dymant

Kafka lernte Dora Dymant im Sommer 1923 im Ostseebad Müritz kennen. Dora, 1902 in eine Familie mit
osteuropäisch-chassidischem Hintergrund geboren,
leitete die Küche eines Kindererholungsheims, das zum
Jüdischen Volksheim gehörte. Damals spielte Kafka mit
dem Gedanken, nach Palästina zu gehen, und sprach
darüber mit Milena, obschon dann nie etwas daraus
wurde; es war reine Phantasie. Jetzt spielte Kafka unter
dem Einfluß des fröhlichen Lebens im Kinderheim mit
der Möglichkeit, nach Berlin zu ziehen.

Unter den Helferinnen im Heim fühlte Kafka sich
besonders zu der jungen, hübschen, charmanten Dora
Dymant hingezogen. Sie erschien ihm als »ein wunderbares Wesen« [B 439]; er war beeindruckt von ihrer
bescheidenen, unschuldigen und reifen Art. Sie fühlte,
daß dieser ungewöhnliche Mann etwas Besonderes von
ihr erwartete. Sie verabredeten, sich heimlich zu treffen. Bald entwickelte sich eine leidenschaftliche
Freundschaft, und Kafka verbrachte seine meiste freie
Zeit mit ihr.

In ihrem Gedenken an ihn erklärte Dora, was sie und
Kafka zueinander hinzog: »Nach der Katastrophe des
Krieges erwartete jedermann Rettung vom Osten. Ich
aber war aus dem Osten davongelaufen, weil ich

glaubte, daß das Licht aus dem Westen käme. Später wurden meine Träume weniger anspruchsvoll: Europa hatte meine Erwartungen enttäuscht, seine Menschen waren im Grunde ihres Herzens ruhelos. Irgend etwas fehlte ihnen. Im Osten wußte man um den Menschen; vielleicht konnte man sich dort nicht so frei in der Gesellschaft bewegen und wußte sich nicht so leicht auszudrücken, aber man wußte um die Einheit von Mensch und Schöpfung. Als ich Kafka das erstemal sah, erfüllte sein Bild sofort meine Vorstellung vom Menschen. Aber auch Kafka wandte sich mir aufmerksam zu, als ob er etwas von mir erwartete [*Der Monat*, Juni 1949, S. 91].

Daß Dora Hebräisch beherrschte, vor allem das biblische, kam der Beziehung weiter zugute; manchmal las sie Kafka Bibeltexte vor. Nachdem er und Dora nach Berlin gezogen waren, benutzte Kafka die Bibliothek des Jüdischen Volksheims und besuchte Vorträge an der liberalen »Hochschule für Wissenschaft des Judentums«. Ihm gefiel das wissenschaftliche Herangehen an Geschichte und Literatur, die Freiheit in jedem Diskurs, jeder Interpretation, so anders als im altmodischen Prag. Dora begleitete Kafka wann immer möglich. Es wird berichtet, die Herren der Akademie hätten sich an der Anwesenheit des unverheirateten Paars in ihren geheiligten Räumen gestoßen und einen jüngeren Kollegen abgesandt, dies dem fremden Studenten mitzuteilen. Man darf annehmen, daß Kafka, ohnehin krank, seine Besuche daraufhin einstellte.

Die Inflation war damals in vollem Gange, Lebens-
mittel und Heizmaterial waren knapp; die Wohnungen
waren kalt und die Mägen leer. Kafka und Dora
nahmen Lebensmittelpakete von ihren Eltern nur zö-
gernd an. Die Menschen standen Schlange um die
mageren Rationen, die ihnen von den Behörden zuge-
teilt wurden. Geld verlor seinen Wert fast vollständig.
Arbeitslosigkeit war die Regel.

Dora sorgte für die meisten ihrer täglichen Bedürf-
nisse. Es war den beiden Liebenden ganz natürlich, in
eine gemeinsame Wohnung zu ziehen; sie fanden eine
kleine Wohnung in Berlin-Steglitz. Unter ihren Besu-
chern (Kafka mußte seinen Umgang mit Menschen
einschränken) waren Puah Bentovim, sein früherer
Prager Hebräischlehrer; der Schriftsteller Ernst Weiß;
Tile Rößler, ein Mädchen aus dem Ferienheim, das eine
führende Choreographin in Tel Aviv wurde; Kafkas
Schwester Ottla und Max Brod.

Da Kafka des Nachts arbeitete, brauchte er mehr
Petroleum als »normale Menschen«, was die Hauswir-
tin übelnahm. Um sie zu besänftigen, nahmen Kafka
und Dora das billigste Petroleum, das es gab. Dora
bereitete die Mahlzeiten auf einem Spirituskocher und
in einer Kochkiste. In moderner Terminologie würde
man heute gewiß sagen, daß sie unterhalb der Armuts-
grenze lebten – oder einfacher: sie waren arm.

Die Phantasie kennt keine Grenzen. Als Max Brod
sie besuchte, erzählte Kafka dem Gast von seinem Plan,
nach Palästina zu gehen, wo sie ein Restaurant auf-

machen wollten, in dem er den Kellner und Dora die Köchin spielen sollte.

An irgendeinem Punkt ihres gemeinsamen Lebens faßten sie den Entschluß, zu heiraten. Dora unterrichtete ihren Vater, der als frommer Chasside den Plan wiederum seinem geistlichen Mentor unterbreitete, dem »Gerer Rebbe«. Ohne Zustimmung des Rabbi konnte keine wichtige Entscheidung getroffen werden. Der Gottesmann las den Heiratsantrag und äußerte nur ein einziges, schicksalsschweres Wort: »Nein« (denn Kafka war kein praktizierender Jude). Die beiden setzten ihr glückliches Zusammenleben fort.

Stark beeinträchtigt wurde ihr Glück durch Kafkas sich verschlechternden Gesundheitszustand: hohe Temperatur, Schlaflosigkeit, Lungenfieber und andere Übel. Das Verdikt des Arztes: Kehlkopftuberkulose. Kafka bekam den Rat, sein Heil in einem Spezialsanatorium zu suchen. Dora brachte ihn ins Sanatorium Wiener Wald, aber sein Zustand verschlimmerte sich. Er konnte nicht mehr schlucken und nur noch im Flüsterton sprechen. Schließlich wurde er ins Universitätskrankenhaus Wien gebracht. Es war nur ein offener Wagen zu bekommen, und Regen und Wind machten die Reise zur Folter. Dora stellte sich aufrecht in den Wagen und versuchte Kafka mit ihrem Körper zu schützen.

Die nächste Station war das Sanatorium in Kierling, einem Wiener Vorort. Robert Klopstock, ein Medizinstudent, unterbrach sein Studium und kam nach Wien,

Dora Dymant, um 1923

um Kafka zu helfen. Er und Dora blieben bis zur letzten Sekunde bei ihm. Um seinen Kehlkopf zu schonen, verständigte Kafka sich mit den beiden schriftlich auf kleinen Zetteln. Einer an Dora lautet: »Wie viel Jahre wirst Du es aushalten? Wie lange werde ich es aushalten, daß Du es aushältst?« [B 487]. Als er einmal fürchtete, Klopstock enthalte ihm sein Morphium vor, schrieb Kafka: »Schwindeln Sie nicht... Töten Sie mich, sonst sind Sie ein Mörder« [MB 185]. Der Schriftsteller blieb witzig bis an sein Ende.

Das Ende kam bald. Am 3. Juni um vier Uhr morgens bemerkte Dora Kafkas schweren Atem und rief Klopstock, der seinerseits den Arzt holte. Der Tod war nicht länger hinauszuzögern. Max Brod versuchte Dora gegen Mittag zu erreichen; es war zu spät. Kafka verlor das Bewußtsein und starb gegen Mittag. Laut Klopstock konnte Dora nicht zu weinen aufhören: »Mein Lieber, mein Lieber, mein Guter du!« [MB 185].

Kafkas Eltern hatten ihren Sohn wenige Tage vor seinem Tod besuchen wollen, doch er hatte es ihnen in einem zärtlichen, liebevollen Brief ausgeredet; er wollte nicht, daß sie ihn im Zustand der Schmerzen und des Verfalls sahen. So waren bei seinem Tod nur Dora und Klopstock anwesend.

Der Tote wurde ins Leichenhaus gebracht. Dora weinte: »Mein Lieber, mein Guter; der ist ja so allein, so ganz allein, wir haben ja gar nichts zu tun... o mein Guter, mein Lieber du!« [MB 185]. Das Begräbnis fand

Das letzte Bild, 1923/24

am Dienstag, dem 11.Juni 1924, auf dem Jüdischen Friedhof von Prag statt. Etwa hundert Menschen folgten dem Sarg von der Leichenhalle zum Grab. Dora warf sich schluchzend auf das Grab. Ihr Schrei war durchdringend, schmerzensvoll. Das hebräische Gebet der Hoffnung auf Erlösung wurde gesprochen.

Wie gerne hätte Kafka diese Bekenntnisse der Liebe einer Frau gehört – denn sie waren bedingungslos, rein und wahr. Vielleicht hatte er in der letzten Stunde seines Lebens eine Vorahnung, daß Dora es sein würde, die erklärte, daß er – der Einsame – mehr war als ein Denker, mehr als ein Dichter, ein Seher: Er war ein Liebender.

Dora, die aufrichtigste unter den am Grab Versammelten, repräsentierte das warme, schlichte, anteilnehmende, liebevolle menschliche Wesen, dem Kafka sich am nächsten fühlte, dem er sich anvertrauen konnte, ohne zugleich das tragische Gegenteil zu spüren, das schreckliche Paradox des Lebens. Doras gequälter Aufschrei am offenen Grab sagte mehr, als in Nachrufen und Pressemeldungen zum Ausdruck gebracht werden konnte.

In der Todesanzeige hatten die Eltern gebeten, von den üblichen Beileidsbesuchen abzusehen. Es war Kafka, der in den kommenden Jahren und Jahrzehnten einer kränkelnden, geplagten Welt Trost bieten sollte. Er war es, der die Menschheit an das unzerstörbare Element erinnerte, das zu vergessen sie im Begriff stand.

Zeittafel

1883   3. Juli: geboren in Prag.
1889–1893   Volksschule.
1893–1901   Altstädter Gymnasium.
1896   13. Juni: Bar-Mizwa.
1898   Freundschaft mit Oskar Pollak und Hugo Berg-
mann.
1899–1903   Frühe Schriften (vernichtet).
1901–1906   Deutsche Universität Prag. Chemiestudium,
dann Jura.
1902   Frühjahr: Studium der deutschen Literatur.
Sommer: Urlaub in Liboch und Triesch mit
Dr. Siegfried Löwy (dem »Landarzt«).
23. Oktober: erste Begegnung mit Max Brod.
1904–1905   Herbst/Winter: Arbeit an »Beschreibung eines
Kampfes« (erste Fassung).
1905   Juli – August: Urlaub in Zuckmantel, erste Liebe.
1906   April – September: Konzipient in einer Anwalts-
kanzlei.
18. Juni: Doktor juris.
August: Urlaub in Zuckmantel. Liebesaffäre.
Oktober: Beginn einjähriger Gerichtspraxis.
1907   Oktober: Arbeitsantritt bei den Assicurazioni
Generali in Prag.
1908   März: Erste Veröffentlichung (acht kurze Stücke
in *Hyperion*).
Juli: Beginn in der Arbeiter-Unfall-Versiche-
rungs-Anstalt für das Königr. Böhmen in Prag.

1909 März: Veröffentlichung zweier Stücke aus »Beschreibung eines Kampfes« in *Hyperion*.
September: Urlaub in Riva und Brescia mit Max Brod.
Schreibt und veröffentlicht (in *Bohemia*) »Die Aeroplane in Brescia«.

1910 Beginn der Quarthefte (Tagebücher).
März: Fünf Stücke in *Bohemia* gedruckt.

1911 Januar – Februar: Beginn der Reisetagebücher.
Sommer: Urlaub (mit Max Brod) in Lugano, Stresa, Mailand, Paris. Dann allein Sanatorium Erlenbach bei Zürich.
4. Oktober: Besucht Vorstellung einer osteuropäischen jiddischen Schauspieltruppe, gefolgt von vielen weiteren im Laufe des Winters. Freundschaft mit dem Schauspieler Jizchak Löwy.
Winter: Arbeit an der ersten Fassung von »Amerika«.

1912 18. Februar: Rezitationsabend Jizchak Löwy (organisiert und eingeführt von Kafka).
Juni – Juli: Begegnungen mit Ernst Rowohlt und Kurt Wolff. Sanatorium im Harz.
13. August: Lernt Felice Bauer kennen.
22./23. September: Schreibt in einer Nacht »Das Urteil«.
September – Oktober: Schreibt »Der Heizer«, beginnt zweite Fassung von »Amerika«.
November – Dezember: Schreibt »Die Verwandlung«.
4. Dezember: Öffentliche Lesung »Das Urteil«.
Dezember: »Betrachtung« bei Rowohlt veröffentlicht.

1913   18. Januar: Begegnung mit Martin Buber.
24. Januar: Unterbricht Arbeit an »Amerika«.
Ostern: Bei Felice in Berlin.
April: Gartenarbeit in Troja bei Prag.
11. – 12. Mai: Bei Felice in Berlin.
Mai: »Der Heizer« von Kurt Wolff veröffent-
licht.
Juni: »Das Urteil« in *Arkadia* gedruckt.
28. Juni: Trifft Ernst Weiß.
September – Oktober: In Wien Teilnahme an
Internationalem Kongreß zur Unfallverhütung;
Zionistischer Kongreß. In Riva Verhältnis mit
G. W., der »Schweizerin«.
8.–9. November: Bei Felice in Berlin.

1914   28. Februar – 1. März: Bei Felice in Berlin.
Ostern: Berlin; inoffizielle Verlobung mit Felice.
1. Mai: Felice in Prag. Wohnungssuche.
30. Mai – 2. Juni: Berlin; offizielle Verlobung mit
Felice.
12. Juli: Berlin, Entlobung.
August: Arbeitsbeginn an »Der Prozeß«.
September: Zieht in die Wohnung seiner Schwe-
ster Elli.
Oktober: Läßt sich beurlauben, um am »Prozeß«
zu arbeiten; schreibt letztes Kapitel von »Ameri-
ka« und »In der Strafkolonie«. Briefwechsel mit
Felice.
Dezember: Schreibt »Der Dorfschullehrer«
(»Der Riesenmaulwurf«) (unvollendet).

1915   17. Januar: Beendet Arbeit am »Prozeß«.
23. – 24. Januar: Mit Felice in Bodenbach.
Januar – Februar: Schreibt »Blumfeld, ein älterer
Junggeselle« (unvollendet).

April: Mit Elli nach Ungarn.

23. – 24. Mai: Mit Felice Bauer und Grete Bloch in der Böhmischen Schweiz.

Juni: Mit Felice in Karlsbad.

Juli: In einem Sanatorium in Rumburg (Nordböhmen).

Oktober: »Die Verwandlung« in *Die weißen Blätter* gedruckt.

November: »Die Verwandlung« als Buch veröffentlicht.

1916 April: Dienstreise nach Karlsbad (mit seiner Schwester Ottla).

3. – 12. Juli: Mit Felice in Marienbad; mit Felice nach Franzensbad; dann allein in Marienbad.

Oktober: »Das Urteil« als Buch veröffentlicht.

10. – 12. November: München, Treffen mit Felice; liest in der Galerie Goltz »In der Strafkolonie«.

26. November: Arbeitsbeginn an den Geschichten in »Ein Landarzt«.

1916–1917 Winter: Schreibt »Der Gruftwächter«.

1917 März: Schreibt weiter in Ottlas Wohnung in der Alchimistengasse.

Frühling: Schreibt »Eine kaiserliche Botschaft« (als Teil der Erzählung »Beim Bau der Chinesischen Mauer«) und »Der Jäger Gracchus«.

Sommer: Beginnt Hebräisch zu lernen. Schreibt »Ein Bericht für eine Akademie«.

Juli: Felice in Prag; zweite Verlobung. Mit Felice in Ungarn; kehrt allein zurück, macht Station in Wien. »Ein altes Blatt« und »Ein Brudermord« in *Marsyas* veröffentlicht.

9. – 10. August: Blutsturz.

September: Zieht in die Wohnung seiner Eltern. Arzt diagnostiziert Lungentuberkulose. Drei Monate Krankheitsurlaub, zieht zu Ottla nach Zürau (bis April 1918).

20. – 21. September: Felice in Zürau.

Oktober: »Schakale und Araber« in *Der Jude* veröffentlicht. Für ein paar Tage mit Max Brod und Ottla nach Komotau und Prag.

November: »Ein Bericht für eine Akademie« in *Der Jude* veröffentlicht.

Dezember (letzte Woche): Nach Prag. Felice in Prag; zweite Verlobung gelöst.

1918 April: Verläßt Zürau, kehrt nach Prag zurück.

Mai: Nimmt Arbeit bei der Unfallversicherung wieder auf.

Sommer: Gartenarbeit in Troja.

Mitte Oktober bis Ende November: Grippe; Rückfall nach einigen Tagen Arbeit.

30. November – Dezember: In Schelesen; dann in Prag.

1919 22. Januar: Rückkehr nach Schelesen. Trifft Julie Wohryzek.

Mai: »In der Strafkolonie« als Buch veröffentlicht.

Sommer: Verlobung mit Julie Wohryzek.

Herbst: Veröffentlichung von »Ein Landarzt«. Nimmt bei Friedrich Thieberger Hebräisch-Unterricht.

Ende Oktober: Erhält ersten Brief von Milena Jesenská-Polak.

November: Heirat mit Julie Wohryzek für 2. oder 9. November geplant, aber wegen Wohnungsproblem verschoben. Mit Max Brod nach

Schelesen. Lernt Minze Eisner kennen. Schreibt »Brief an den Vater«.

21. November: Rückkehr nach Prag und ins Büro.

1919–1920 Winter: Wiederkehrende Krankheit.

1920 Januar: Beginnt mit »Er« (Aphorismen).

April: Nach Meran. Briefwechsel mit Milena.

27. Juni – 4. Juli: In Wien; vier Tage mit Milena.

Juli: Löst Verlobung mit Julie Wohryzek, trifft sie aber weiter. Kehrt an die Arbeit zurück. Lebt in Ellis Wohnung.

8. August: Zieht zurück in die elterliche Wohnung.

14. – 15. August: Trifft Milena in Gmünd.

Ende August: Nimmt nach über dreijähriger Untätigkeit literarische Arbeit wieder auf.

Dezember: Nach Matliary in der Tatra (bis August 1921).

1921 Januar: Versucht mit Milena zu brechen.

Ende März: Schwerkrank.

Ende August: Kehrt nach Prag zurück; nimmt Arbeit bei der Versicherung wieder auf.

September bis Oktober: Milena in Prag. Kafka gibt ihr seine Tagebücher.

15. Oktober: Führt wieder Tagebuch.

31. Oktober: Krankheitsurlaub, um sich Spezialbehandlung zu unterziehen.

November: Mehrere Besuche von Milena.

1922 Februar: Schreibt »Ein Hungerkünstler«. Beginnt mit der Arbeit an »Das Schloß«.

April – Mai: Besuche von Milena.

Juni: Nach Planá.

Juli: Von der Unfallversicherung in Pension geschickt (er hatte seit Oktober 1921 nicht mehr gearbeitet). Schreibt »Forschungen eines Hundes«.

20. August: Unterbricht Arbeit an »Das Schloß«.

Oktober: »Ein Hungerkünstler« in *Die Neue Rundschau* veröffentlicht.

November – Dezember: Meist bettlägerig.

2. Dezember: Ludwig Hardt liest in Prag aus Kafkas Werken.

Dezember: Hebräisch-Unterricht bei Puah Bentovim.

1923 Winter – Frühjahr: Meist bettlägerig. Lernt weiter Hebräisch.

Juni: Letztes Treffen mit Milena.

Juli – August: Mit Elli und ihren Kindern im Ostseebad Müritz. Trifft Dora Dymant. Kehrt über Berlin nach Prag zurück.

Mitte August – September: Mit Ottla in Schelesen.

24. September: Nach Berlin, um mit Dora zusammenzuleben. Lernt Hebräisch.

Oktober – Dezember: Schreibt »Eine kleine Frau« und »Der Bau«.

15. November: Zieht mit Dora in die Grunewaldstraße 13.

November – Dezember: Besucht Vorträge an der Hochschule für Wissenschaft des Judentums.

Ende Dezember: Bettlägerig mit Fieber.

1924 Februar: Zieht mit Dora in die Heidestraße 25–26 in Zehlendorf. Gesundheitszustand verschlechtert sich rapide.

Mitte März: Max Brod kommt nach Berlin, nimmt Kafka mit nach Prag zurück. Kafka schreibt »Josefine, die Sängerin oder Das Volk der Mäuse«.

Ende März: Dora kommt nach Prag, bringt Kafka am 7. April ins Sanatorium Wiener Wald.

April: Mit Dora im Sanatorium Wiener Wald. Kehlkopftuberkulose.

Mitte April: Kurz in Professor Hajeks Klinik in Wien. Dora begleitet Kafka zu Dr. Hoffmanns Sanatorium in Kierling. »Josefine« in der *Prager Presse* veröffentlicht.

Mai: Robert Klopstock kommt, um Kafka gemeinsam mit Dora zu pflegen. Kafka korrigiert einen Teil der Fahnen zu »Ein Hungerkünstler«, 1924 nach seinem Tod veröffentlicht.

3. Juni: Tod in Kierling; Bestattung am 11. Juni auf dem Jüdischen Friedhof in Prag-Straschnitz.

19. Juni: Gedenkfeier im Kleinen Theater zu Prag.

Nachweis

MB Max Brod: *Über Franz Kafka*; Fischer Taschenbuch Verlag, 1974

T   Franz Kafka: *Tagebücher 1910–1923*, herausgegeben von Max Brod; S. Fischer Verlag, 1983²

F   Franz Kafka: *Briefe an Felice*, herausgegeben von Erich Heller und Jürgen Born; S. Fischer Verlag, 1983

J   Gustav Janouch: *Gespräche mit Kafka*; Fischer Bücherei, 1961

BN Buber-Neumann, Margarete: *Kafkas Freundin Milena*; G. Müller Verlag, 1963

B   Franz Kafka: *Briefe 1902–1924*, herausgegeben von Max Brod; Fischer Taschenbuch Verlag, 1975

BV Franz Kafka: *Brief an den Vater*; Fischer Taschenbuch Verlag, 1975

M   Franz Kafka: *Briefe an Milena*, erweiterte und neu geordnete Ausgabe, herausgegeben von Jürgen Born und Michael Müller; S. Fischer Verlag, 1986